Für Anya, Seraina und Chiara

Unsere grösste Angst ist nicht, unzulänglich zu sein.
Unsere grösste Angst ist, grenzenlos mächtig zu sein.
Unser Licht, nicht unsere Dunkelheit ängstigt uns am meisten.
Wir fragen uns: Wer bin ich denn, dass ich so brillant sein soll?
Aber wer bist du, es nicht zu sein?
Du bist ein Kind Gottes!
Es dient der Welt nicht, wenn du dich klein machst.
Sich klein zu machen, nur damit sich andere um dich herum nicht unsicher fühlen, hat nichts Erleuchtetes!
Wir wurden geboren, um die Herrlichkeit Gottes, der in uns ist, zu manifestieren.
Es ist nicht nur in einigen von uns, es ist in jedem Einzelnen.
Und wenn wir unser Licht scheinen lassen, geben wir damit unbewusst andern die Erlaubnis, es auch zu tun.
Wenn wir von unserer eigenen Angst befreit sind, befreit unsere Gegenwart automatisch die anderen!

Antrittsrede von Nelson Mandela im Jahr 1994

VERLAG Textwerkstatt

DRUCK Druckerei Ebikon AG

HERSTELLUNG Lukas Zemp, Druckerei Ebikon AG

KORREKTORAT Sam Bieri, korrektiv@bluewin.ch

1. Auflage 2008
ISBN: 978-3-905848-02-1

Alle Rechte, insbesondere das Recht der Vervielfältigung und Verbreitung sowie der Übersetzung, vorbehalten. Kein Teil des Werkes darf in irgendeiner Form (durch Fotokopie, Mikrofilm oder ein anderes Verfahren) ohne schriftliche Genehmigung des Herausgebers reproduziert oder unter Verwendung elektronischer Systeme gespeichert, verarbeitet, vervielfältigt oder verbreitet werden.

Dieses Buch wurde in der Schweiz hergestellt.

Ruedi Zahner, Frechheit siegt
© Verlag Textwerkstatt, Olten, und Ruedi Zahner
www.verlag-textwerkstatt.ch

RUEDI ZAHNER
FRECHHEIT SIEGT!

Der ungewöhnliche Weg zum Erfolg

verlag | textwerkstatt

Inhalt

Vorwort 11
Prolog 13

Teil 1 Mein persönlicher Weg – Im Sturm der Veränderung

Kapitel 1   Auf der Suche nach der Frechheit   27
Kapitel 2   Überlebe ich das?   47
Kapitel 3   Auf dem Weg der kleinen Siege   63
Kapitel 4   Unter Männern   77
Kapitel 5   Die Frauen lieben Machos   93
Kapitel 6   Die Lust am Scheitern   113
Kapitel 7   Die Zügel in die Hand nehmen   125

Teil 2 Das Rezept – Finden Sie zu Ihrer eigenen Frechheit

Kapitel 8   SWISS *winning* – Der Weg zum Erfolg   133
Kapitel 9   Frechheit siegt – Der historische EM-Titel   175

**Teil 3 Die Praxis – Inspirieren Sie andere dazu,
         zu ihrer Frechheit zu finden**

Kapitel 10 SWISS *go together* – Die Kunst des Führens 197

Dank   215
Zur Person   219

Vorwort

Frechheit siegt!

Sportler wie Trainer sind im Spitzensport heute höchstem Druck ausgesetzt. Nur wer im Stress und in der hektischen Betriebsamkeit die Ruhe findet, kann den stetig steigenden Anforderungen gerecht werden. Das wesentliche Erfolgsprinzip im Sport wie im Leben ist eine gesunde Portion Frechheit. Qualitäten wie Kampfgeist, Risikobereitschaft, Gradlinigkeit und Spielfreude machen den Unterschied aus.

Ruedi Zahner hat diese Zusammenhänge auf eine überzeugende Art und Weise dargestellt, die dem Leser Mut macht, sein Leben aktiv in die Hände zu nehmen.
Ich bin beim SC Zug und beim FC Aarau sein Trainer gewesen, und wir feierten zusammen den Aufstieg in die Nationalliga A in Zug und natürlich den grossartigen Cupsieg mit dem FC Aarau 1985.

Ruedi Zahner war ein offensiver Abwehrspieler, mutig, selbstbewusst, innovativ, kein Theoretiker, sondern einer, der schon damals mit seiner Neugier immer auf der Suche nach neuen Wegen war, was eigentlich atypisch ist für einen Fussballer. Und wir haben uns in den letzten Jahren immer wieder zu Gesprächen getroffen. Sein Wille und sein grosser Optimismus haben ihn auf und neben dem Fussballfeld zum Leader gemacht, und dieser Optimismus ist jetzt in den Zeilen dieses Buchs zu lesen.

Fussball ist mitunter so populär, weil aus den Erfahrungen dieses faszinierenden Spiels jeder für sein Leben lernen kann. Im Sport wie im beruflichen Alltag geht es nicht nur um Kraft, Schnelligkeit und Taktik, ebenso wichtig sind Gelassenheit, Durchsetzungsvermögen, Entschlossenheit, Respekt und die Gabe, immer wieder den inneren Ruhepol zu finden.
«Frechheit siegt» ist eine Aufforderung an alle, mutig zu sein, sich etwas zu getrauen und dranzubleiben.

Herzlich
Ihr Ottmar Hitzfeld

Prolog

Heute spielen wir um die Existenz. Das entscheidende Spiel im Abstiegskampf. Vor mir steht der Trainer. Dieser Trainer ist laut und leidenschaftlich. Und er schlägt zwischendurch über die Stränge.
Oder unter die Gürtellinie.
Er versucht, der Kopf hochrot, die Halsschlagadern angeschwollen, mich mit martialischen Parolen heiss zu machen: «Ruedi, heute muss das Blut spritzen. Grätsch ihm in die Achillessehne. Dort wo du hinlangst, wächst nichts mehr, mäh alles nieder!»
Ich nickte. Aber dann kam es: «Du gehst mir nicht über die Mittellinie! Das kannst du nicht. Verstanden!?»

Alle meine Teamkollegen hatten diese vernichtende Anweisung mitgehört. Ich getraute mich nicht, sie anzuschauen. Aber ich hörte ihr Gelächter. Ich war erschüttert und tief deprimiert.

Aufputschen und niedermachen. Noch oft sollte ich diese Methode erleben. «Nicht über die Mittellinie gehen!» Die Höchststrafe für jeden Fussballer. Ein Stich ins Herz. Ich habe gemacht, was er sagte. Aber es hat wehgetan. Wieso glaubt er nicht an mich? Warum darf ich nur zerstören?

Dass er mich unterschätzt und versucht, mich auf die Rolle des «Rasenmähers» zu reduzieren, ist schlimm genug. Aber das auch noch vor all meinen Mitspielern sagen und mich so dem Spott meiner Kollegen aussetzen – das ist schmerzlich. Entwürdigend. Noch heute habe ich das Gelächter meiner Teamkollegen in den Ohren.

In diesem Moment der Erniedrigung, der Wut und des Trotzes habe ich innerlich entschieden, es einmal als Trainer anders zu machen. Besser. Von diesem Tag an führte ich ein Tagebuch über meine Erfahrungen als Spieler. An diesen Aufzeichnungen kann ich im Rückblick ablesen, welch enormen Einfluss die Trainer auf mich als Spieler und als junger Mensch hatten. Ich fühlte mich völlig abhängig, geradezu ausgeliefert. Im Guten, aber auch im Bösen.

Ich wollte es besser machen. Aber wie ging das anders? So machte ich mich am Ende meiner Karriere als Spieler auf die Suche nach dem geheimen Schlüssel zum wirklich guten Trainer mit menschlichen Führungsqualitäten, wie ich sie mir für mich erträumte. Ich wollte wissen, wie die grossen Trainer arbeiteten. Also fragte ich sie, wo ich sie traf. Aus diesen bohrenden Fragen wurde eine systematische Erfolgsstudie. Startschuss dafür war der offizielle Auftrag der FIFA, die WM in Frankreich mit meinen Fragen zu begleiten.

Meine Neugier hat mich so immer wieder mit ganz aussergewöhnlichen Menschen zusammengebracht. Ich wollte hinter ihr Geheimnis kommen: Was befähigt diese besonderen Menschen, andere Menschen zum Erfolg zu führen? So suchte ich das Gespräch mit Trainern wie Ottmar Hitzfeld, Jogi Löw, Ralph Krueger oder Arno Del Curto. Meine Erfolgsstudie führte mich schliesslich durch ganz Europa.
Es war eine besessene Suche im Aussen, bei den anderen, nach dem Schlüssel zum wirklichen Erfolg. Mich selbst verlor ich dabei immer mehr aus dem Blick, bis ich heftig auf mich selbst zurückgeworfen wurde, mit einer Wucht, die mich in meinen Grundfesten erschütterte: die Trennung von meiner Frau und meiner Familie nach zwölf Jahren Ehe. Ich nahm die Herausforderung an und folgte meiner Neugier auf mich selbst.

Mein «privates Grounding» wurde so zum Beginn eines neuen Lebens. Ich war gezwungen, mich mit mir selber auseinanderzusetzen. Es war der Aufbruch zu einer Abenteuerreise: der Reise zu mir selbst. Es wurde eine spirituelle Reise zu meiner Lebendigkeit und Lebensfreude, zu meiner Frechheit. Meine Neugier führte mich so zu den nordamerikanischen Indianern, zum indischen Yoga, zu den wilden Männern, zu den starken Frauen und schliesslich zum Schauspieler und Clown und – last but not least – zu den Pferden.

Ich bin den Weg vom «braven» zum selbstbewussten, frechen Schweizer selbst gegangen. Ich habe erlebt und erfahren, was es heisst, brav zu sein, frech zu sein. Ich habe am eigenen Leib erfahren, was es heisst, im Sumpf, in einer tiefen Lebenskrise zu stecken. Heute weiss ich, dass es möglich ist, aus Tiefen Höhen zu machen. Dass tatsächlich nach den mageren Jahren fette Jahren folgen können, doch nicht von selbst und ohne eigenes Dazutun, sondern mit aktivem Engagement, mit Willenskraft und der Bereitschaft, durch persönliche Erfahrungen zu lernen und sich zu entwickeln.
Ich spüre eine grosse Dankbarkeit und das Bedürfnis, diesen spannenden Weg zu einem selbstbewussten und lebendigen Leben in diesem Buch an eine breite Öffentlichkeit weiterzugeben.

Am Ende meiner Reise war das Erfolgsrezept für Frechheit geboren: SWISS. Das Wort steht für fünf Erfolgsprinzipien: Souveränität, Teamwork, Winning, Kampfstärke, Spass.

Über viele Jahre hinweg habe ich das Konzept SWISS an mir selbst und mit zahlreich anderen Menschen erprobt und dabei grossen Erfolg erlebt – in der Entwicklung meiner eigenen Person und in der Begleitung anderer Menschen als Coach und Trainer.

Einer meiner ersten Kunden war der Schweizerische Fussballverband. Über Jahre hinweg betreute ich als Coach die Auswahlspieler im Bereich Persönlichkeits- und Teamentwicklung. Nach dem überraschenden Europameistertitel mit der U-17 sagte Philippe Senderos, der kurz darauf für mehrere Millionen zu Arsenal nach England wechselte, zu mir: «Ruedi, jetzt musst du unbedingt ein Buch über deine verrückte Arbeit mit uns schreiben!»

Ich bin Senderos' Wunsch gefolgt, und hier ist es nun, mein Buch über meinen Weg vom braven «Bünzli»* zum selbstbewussten, frechen Schweizer. Denn mein Coaching-Tool SWISS trägt nicht umsonst diesen Namen. Ich weiss, es ist für manchen eine Provokation. Aber schauen wir doch einmal näher hin: Wo stehen wir Schweizer, wie sind wir denn wirklich?

Für mich war bis zum Zeitpunkt des Scheiterns meiner Ehe immer selbstverständlich: Ich bin einer der wenigen Braven in diesem Land. Doch nach und nach habe ich herausgefunden, dass es in diesem Land noch viel mehr Brave gibt und dass ich nur einer unter vielen vermeintlich Braven bin, eben ein Bünzli.

Ich erkannte, dass wir Schweizer eben so sind: brav. Wir wagen es nicht, so zu sein wie wir eigentlich sein könnten. Wir passen uns an. Wir verstecken uns. Wir haben nicht den Mut, anders,

---

* Der Bünzli ist der typische Mitläufer (Spiesser) schlechthin, so sagt die Definition. Er ist geistig träge und zeichnet sich durch eine ausgeprägte Anpassungsfähigkeit aus. Er strebt nach Sicherheit und hasst nichts so sehr wie Veränderungen im gewohnten Lebensablauf.
Der Bünzli ist gebunden an Traditionen, ein ängstlicher Mensch, er will nicht auffallen, er ist verklemmt, lustfeindlich, verschlossen, stellt Kontrolle (Recht und Ordnung) über Lebensfreude und Lebendigkeit. Er verlangt auch von seinen Mitmenschen Anpassung und Spiessertum.

frech, mutig zu sein. Es gehört sich für den Bünzli nicht, zu sagen: «Hier bin ich, hier stehe ich, hier bleibe ich, egal, was andere denken oder sagen!»

Wir Schweizer sind schon lange keine Eroberer mehr. Wir sind Bünzli. Oder? Den Réduit-Gedanken – der Rückzug der Armee in die Alpenfestungen war die Militärdoktrin im Zweiten Weltkrieg – haben wir verinnerlicht und ins 21. Jahrhundert hinübergerettet. Wir haben es uns in unserer persönlichen Alpenfestung bequem gemacht. Der Bünzli im Réduit.

Wir sind neutral und bescheiden. Wir halten uns aus allen Konflikten heraus. Nur keinen eigenen Standpunkt beziehen. Stets brav, fleissig und «gschaffig» ist der gute Schweizer. Sorgsam darauf bedacht, Wohlgefallen zu erwecken, nicht anzuecken, der Allgemeinheit nicht zur Last zu fallen.

Ist das aussergewöhnlich? Nein. Eigentlich sind die Deutschen und die Österreicher auch nicht viel anders. Wir haben nur unser eigenes Wort kreiert: Bünzli.

Unterscheiden wir Schweizer uns also eigentlich nicht so sehr von unseren Nachbarn?

Doch, das tun wir! Die Geschichte unseres Landes ist nicht die Geschichte der Bünzli. Schweizerisch, SWISS, ist etwas ganz anderes.
Die Schweiz hat freche, selbstbewusste, todesmutige Männer geschaffen. Ein Blick weit zurück erklärt die Gegenwart. Das wahre Wesen von SWISS.

Leidenschaftlich, kampfstark, kraftvoll, mutig, selbstbewusst und aufopfernd waren die alten Schweizer. Als erstes Volk in Europa verjagten sie die Aristokratie bereits im späten

Mittelalter aus den Tälern und holten die Herren im besten Sinne des Wortes vom hohen Ross herunter. Mit der breiten Klinge der Hellebarde brachen sie die Rüstung der Ritter auf und stachen den hohen Herren «zmitz» ins Herz.

Diese Hellebarde, eine Stangenwaffe, ist legendär geworden. Sie war bis zum Siegeszug des Schiesspulvers in der Hand der Schweizer die fürchterlichste Waffe in Europa.

1291 gründen die wilden, frechen Schweizer ihren eigenen Staat. Sie geloben sich, solidarisch zu sein und sich «gegen alle und jeden» zu helfen. Sie denken und handeln also souverän und legen sich todesmutig mit den Mächtigen der Welt an. Eigentlich ein Wahnsinn. Aber genau das ist SWISS!
Sie legen Hinterhalte (wie am Morgarten, 1315), zerstören in drei wüsten Schlachten (1476/77) den Staat, den Karl der Kühne geschaffen hat. Sie sind nicht nur wild und todesmutig. Sie sind auch schlau, denken strategisch, bereiten sich minutiös auf die wichtigen Schlachten vor, sind dazu in der Lage, zum richtigen Zeitpunkt ihre Kraft zu entfalten. Sie arbeiten als Team zusammen, aber im entscheidenden Augenblick ist der Einzelne auch dazu bereit, die Verantwortung als Held zu übernehmen.
Bestes Beispiel für all diese Eigenschaften ist und bleibt die Schlacht bei Sempach (1386). Die Eidgenossen wissen, dass sie zu Fuss in einer offenen Schlacht gegen die berittenen Habsburger chancenlos sind. Sorgfältig wählen sie den Ort des Gefechts, locken den Gegner auf das für sie richtige Gelände, zwingen die Habsburger so, vom Pferd zu steigen und den Kampf zu Fuss aufzunehmen. Und als es scheint, dass es an diesem 9. Juli 1386 trotz allem nicht gelingt, die mit langen Spiessen bewaffneten Habsburger zu überwinden, da wächst der Legende gemäss Arnold Winkelried über sich hinaus. Er bittet darum, für seine Frau und seine Kinder zu sorgen, packt

ein Bündel Lanzen der habsburgischen Ritter. Sich selbst aufspiessend, öffnet er seinen Mitstreitern eine Bresche: «Der Freiheit eine Gasse!»

1444 wollen die Franzosen die Schweizer nach der Mode der Zeit in den Senkel stellen und kehren verstört wieder heim. Ein Heer von 30 000 Söldnern kann zwar einen wilden Haufen von 1500 hellebardebewehrten Schweizern bis auf 16 Mann aufreiben. Aber die Eidgenossen, die sich im Siechenhaus zu St. Jakob verschanzt haben, kämpfen so wild, dass die Kunde von ihrem Heldenmut alsbald in ganz Europa die Runde macht. «Zuletzt sanken die Schweizer, nicht besiegt, sondern vom Sieg ermattet, mitten unter dem gewaltigen Feindhaufen zusammen.» Das schreibt der nachmalige Papst Pius II.

Eine Weltmacht werden die Eidgenossen trotzdem nicht. Doch die Frechheit und der Wagemut der Schweizer werden zum ersten Exportartikel. Könige und Fürsten werben die Schweizer für Kriegsdienste an. Schweizer decken dem grossen Napoleon im fernen Russland den Rückzug über die Beresina, Schweizer kämpfen noch 1830 im Krimkrieg, und Ferdinand Christian Schiess bekommt am 22. Januar 1879 im südlichen Afrika von den Briten das «Victoria Cross» für Tapferkeit im Angesicht des Feindes verliehen.

Geblieben ist von dieser wilden Zeit im 21. Jahrhundert nur noch die Schweizergarde. Sozusagen die Nationalmannschaft der alten Eidgenossen. Eine auserlesene Schar bewacht seit vielen Jahrhunderten in unwandelbarer Treue die Person des römischen Oberhirten, den Papst.

Die Hellebarde, über Jahrhunderte das eidgenössische Symbol für wilde Entschlossenheit und Durchsetzungskraft, ist im Museum verschwunden. Frechheit und Mut der Schweizer sind geblieben. Als Unternehmer und Financiers haben die einstigen Krieger die Welt erobert und den erfolgreichsten Kleinstaat der Geschichte geschaffen.

Der «Bünzli» ist in Tat und Wahrheit ein kapitalistischer Wolf im Schafspelz. Und die Tarnung ist so perfekt, dass wir uns mittlerweile selber für Bünzli halten. Und damit gut leben.

Aber wo sind das Direkte, das Spritzige, das Pfiffige, der Mut zur Attacke, das Entschlossene, aber auch die Schlauheit, schlussendlich das Freche der alten Eidgenossen geblieben?

Wie konnte es so weit kommen, dass wir zufrieden damit sind, brav und lieb zu scheinen? Haben wir inzwischen die Lust verloren, frech zu sein?

Nicht nur in der Schweiz gibt es den Druck, mittelmässig zu sein. Die Bäume sollen nicht in den Himmel wachsen. Die Durchschnittlichen sind in der Mehrheit. Die Mehrheit bestimmt Wesen und Wirken in einem demokratischen Staat.

Wer ausbricht aus diesem Mittelmass, aus dem Sich-klein-Machen, geht ein hohes Risiko ein. Er kann ein Held werden. Aber er provoziert Neid. Wer als Held scheitert, kassiert Schadenfreude und Häme und liefert den Mittelmässigen die Bestätigung, dass es besser ist, mittelmässig zu bleiben.

Und so lernen wir in Elternhaus und Schule, im Betrieb und im Verein, unser wahres Wesen zu unterdrücken. Niemand bringt uns bei, wie wir mit Fehlern umgehen können. Niemand sagt uns, dass Scheitern keine Schande ist, sondern die Chance in sich birgt, daraus lernen und besser zu werden. Niemand bringt uns bei, wie wir selbstsicherer, mutiger werden können. Wir lernen, dass nur Beharrlichkeit, harte Arbeit, Fleiss und eiserner Wille nach langer, langer Zeit zum Ziel führen. Vielleicht!

Dass wir uns Ziele in weiter Ferne setzen müssen und dann jahrelang dafür zu arbeiten haben. Auf dem Weg zu diesen fernen Zielen ist es besser, durchschnittlich, brav und angepasst zu sein. Die Leichtigkeit des Seins erfahren wir nicht.

Wir haben all die Gebote und Verbote wie «Sei nicht so wild!» «Sei brav und anständig!», «Sei nicht so laut!» verinnerlicht. So wurden wir von klein auf beim Ausloten unserer Grenzen nicht nur in unserer Frechheit gebremst, sondern lernten nie einen natürlichen Zugang zu den in uns schlummernden Aggressionen; die aber sind nötig, um Dinge in die Tat umzusetzen, um dranzubleiben, um das Leben mutig zu erobern.

Wir haben verlernt, was Aggressionen, Biss, Vertrauen, Entschlossenheit, Leichtigkeit, Spontanität, Leidenschaft und Frechheit vermögen.

Wir verstehen es nicht, unser Selbstwertgefühl von Sieg und Niederlage, vom Handicap im Golf, von der Umsatzsteigerung, von steigenden oder sinkenden Börsenkursen, der Anzahl Kilos, die wir auf die Waage bringen, vom Resultat und der äusseren Anerkennung unabhängig zu machen.

Wir sagen: Ich siege, also bin ich. Es muss ganz einfach heissen: Ich verliere, also habe ich eine neue, vielleicht sogar bessere Chance. Nur so können wir Grosses schaffen. Wenn wir uns von der Angst vor dem Verlieren, vor dem Scheitern befreien. Vor allem aber von der Angst, gross zu sein, Vorbild zu sein, Verantwortung für uns in unserer Einzigartigkeit zu übernehmen.

Gegen solch einfache Einsichten regen sich Widerstände. Gut ist nicht das Einfache, das jeder verstehen kann. Nur das Komplizierte, Aufwendige zählt. Gut kann nur sein, was wir uns in jahrelanger, mühseliger Arbeit anlernen müssen. Ohne Schweiss kein Preis. «Chrampfen» (also verbissenes Arbeiten) und Beten, so, wie es die Reformatoren Calvin und Zwingli gelehrt haben.

Das Resultat dieser Philosophie sind Durchschnittlichkeit, Ruhe und Ordnung im Staate. Aber es macht keinen Spass mehr! Wir bleiben stehen, wir geben allzu oft viel zu früh auf. Aber wir und unsere Nachbarn haben Ruhe – die Grabesstille, lange bevor unser Leben wirklich zu Ende ist.

So muss es nicht sein. Der Erfolg ist auch mit leichter Hand möglich. Wenn wir daran glauben. Wenn wir frech sind. Wenn wir SWISS sind. Dazu braucht es Selbstvertrauen und Mut. Denn Leichtigkeit, Individualität und das Verlassen des alten, trägen Fahrwassers machen verdächtig.

Die alten Eidgenossen brauchten Durchsetzungskraft, Aggressivität, Entschlossenheit, Mut, Biss, List, Gelassenheit, Selbstvertrauen und Kreativität, um zu überleben. Um die zahlenmässig überlegenen Gegner zu besiegen.

Heute brauchen wir diese Eigenschaften zum nackten Überleben nicht mehr. Aber sie warten immer noch in uns auf ihren Einsatz. Wenn wir den Mut haben, diese Eigenschaften wieder zum Leben zu erwecken, uns wieder auf die alten Tugenden zu besinnen, dann haben wir wirklichen, lebenslustigen Erfolg, dann finden wir auf einmal einen Weg aus jeder noch so aussichtslosen Situation heraus, dann können wir alle Probleme lösen, dann können wir nach den Sternen greifen, dann ist uns alles möglich.

Ich bin diesen Weg zurück zu unseren Ursprüngen gegangen, zurück zu unserem wahren Wesen, zu dem, was für mich den Kern von SWISS ausmacht. In diesem Buch berichte ich über diese Reise zurück zu den Quellen unseres Seins, zurück zu den Ursprüngen – und es ist letztlich eine Reise zurück auf den Weg des Erfolgs. Zurück zu der eigenen Grösse.

Teil 1
Mein persönlicher Weg –
Im Sturm der Veränderung

Kapitel 1

Auf der Suche nach der Frechheit

Ich sehe ihn noch heute vor mir: Ralph Krueger, der noch nie auf einem Pferd gesessen hatte, wie er sich nach intensiver Vorbereitung, die er in meinem Training SWISS go together durchlaufen hat, einfach aufs ungesattelte Pferd schwingt und stolz wie ein kleiner Junge mit leuchtenden Augen mir vom Pferd herab zuruft: «Ruedi, jetzt weiss ich, wie wichtig das Atmen ist!»

SWISS go together ist ein Persönlichkeitstraining für Führungskräfte, in dem ich die Teilnehmer über eine natürlich-spielerische Begegnung mit Pferden erleben lasse, wie Führung und Kommunikation optimal für alle Beteiligten funktionieren. Das obige Highlight zeigt beispielhaft, was ich unter Frechheit verstehe, und lässt erahnen, welche Freude es bringt, wenn man seine Vision wirklich lebt.

Was stand am Anfang? Wille, Begeisterung und der Traum, ein Fussballstar zu werden. Und was fehlte? Das Talent. Zumindest das ausreichende Talent. So stand ich mit 19 Jahren da. Über die zweite Mannschaft des FC Aarau hatte ich mir einen Platz im Fanionteam erkämpft. Mein Glück: Der Trainer Paul Stehrenberger hat ein «Gespür» für Spieler wie mich. Er mag offenbar «harte Jungs». Spieler, die mit wenig Streicheleinheiten auskommen. Wenn sie nur ihren Traum von der Fussballkarriere leben können. «Gsundi Cheibe», die einstecken können. Keine zartbesaiteten Schönwetterspieler.
Er war der erste in einer langen Reihe von Trainern, die mich auf meinen Weg brachten: Alle kamen zur richtigen Zeit, von allen habe ich viel gelernt, denn jeder engagierte sich auf seine Art mit viel Herz und Biss.

Fussball im Zeichen der Kritik: Paul Stehrenberger

Trainer Stehrenberger ist laut und leidenschaftlich. Und er schlägt zwischendurch über die Stränge. Oder unter die Gürtellinie. So versucht er schon mal, der Kopf hochrot, die Halsschlagadern angeschwollen, mich mit martialischen Parolen heiss zu machen: «Ruedi, heute muss das Blut spritzen! Grätsch ihm in die Achillessehne! Dort, wo du hinlangst, wächst nichts mehr, mäh alles nieder!» Und zum Schluss sorgt er noch dafür, dass ich nicht übermütig werde: «Ruedi, wenn du den Ball hast, spielst du ihn sofort dem Nächsten zu und bleibst hinten. Du gehst mir nicht über die Mittellinie! Das kannst du nicht. Das ist nicht deine Stärke. Das bringt der Mannschaft nichts. Verstanden?»

Aufputschen und niedermachen. Noch oft sollte ich diese Methode erleben. «Nicht über die Mittellinie gehen!» Die Höchststrafe für jeden Fussballer. Ein Stich ins Herz. Ich habe gemacht, was er sagte. Aber es hat wehgetan. Warum meint er zu wissen, dass ich nicht auch Fussball «spielen» kann? Oder mich zu einem guten Spieler entwickeln? Wieso glaubt er nicht an mich? Warum darf ich nur zerstören? Dass er mich unterschätzt und versucht, mich auf die Rolle des «Rasenmähers» zu reduzieren, ist schlimm genug. Aber das auch noch vor all meinen Mitspielern sagen und mich so dem Spott meiner Kollegen aussetzen – das ist schmerzlich. Entwürdigend. Noch heute habe ich das Gelächter meiner Teamkollegen in den Ohren.

Doch irgendwann verwandelt sich diese Erniedrigung in eine grosse Wut. Ich sage mir: «Ich beweise ihm, dass ich es kann. Dass ich besser bin, als er denkt.» Und ich nehme mir auch vor, es einmal als Trainer anders zu machen. Besser. In diesen Tagen der Erniedrigung, der Wut und des Trotzes habe ich angefangen, ein Tagebuch zu schreiben.

Dieser Fussball im Zeichen der Kritik, ja, der Erniedrigungen hat mich zurückgeworfen. Aber ich habe nicht resigniert. Im Gegenteil. Der Gedanke, «es allen zu zeigen», egal, wie – notfalls auch «mit dem Kopf durch die Wand» –, setzte Energien frei, die mich vorwärtsgetrieben und weiter gebracht haben, als ich es mir je zu träumen wagte.

Es gibt Augenblicke, da bin ich richtig gut und frech. Und ich strotze vor Selbstvertrauen und Spielfreude. Aber dann gibt es Zeiten, in denen ich verkrampft, nervös, ohne Selbstvertrauen, ohne Freude bin. Wie aus heiterem Himmel. Wie gelähmt, die Sinne schwermütig, die Beine leer. Ich versuche, keine Fehler zu machen. Im Laufe der Zeit gelingt es mir immer besser, mich in solchen Spielen «zu verstecken», den Ball und die Verantwortung meinen Mitspielern zu überlassen. Dieser Fussball in Zeiten der Ohnmacht frustriert mich. Ich kann nichts dagegen tun. Dabei spüre ich, dass viel mehr möglich wäre. Es bleibt nur der Wunsch, dass irgendwann auch allen zu beweisen. Dieser Gedanke lässt mich nie los. Aber wo ist dieser Schalter, den ich einfach umlegen kann, damit ich mein Potenzial entfalte? Es geht nicht nur mir so. Die fehlende Überzeugung und das mangelnde Vertrauen beeinflussen das Leistungsvermögen des ganzen Teams.

Fussball im Zeichen des Vertrauens: Daniel Jeandupeux
Wenn es gut läuft, habe ich Vertrauen, wenn es nicht läuft, gerate ich sehr schnell unter Druck. Dabei spüre ich, dass dieses Auf und Ab, dieses Top und Flop, diese Augenblicke, in denen gar nichts mehr geht, sehr viel mit dem Trainer zu tun haben. Das wird mir so richtig bewusst, als ich zwei Jahre später durch einen Wechsel zum Schweizer Meister FC Zürich eine neue Chance erhalte.
Hier öffnet sich für mich eine neue Welt. Schon beim ersten Training sagt mir Trainer Daniel Jeandupeux (für die damalige

Zeit ein «Revolutionär», sehr innovativ und einfühlsam im Umgang mit den Spielern): «Ruedi, ich will, dass du pro Halbzeit zehnmal über die Mittellinie gehst. Das ist deine Stärke, und von der wollen wir profitieren!»
Das sitzt und fährt mir in die Seele. Mein Selbstvertrauen kehrt zurück, ich wachse über mich hinaus. Und erlebe das Gegenteil dessen, was ich beim FC Aarau erlebt habe. Da ist er, der Trainer, der an mich glaubt. Der von mir verlangt, dass ich frech nach vorn gehe. Zum ersten Mal erlebe und spüre ich am eigenen Leib, was es heisst, wenn Vertrauen in einen gesetzt wird. Und welch enormen Einfluss ein guter Trainer auf mein Leistungsvermögen haben kann. Die Erkenntnis reift: Ich bin dem Trainer ausgeliefert. Ich bin vom Trainer abhängig. Im Bösen, aber auch im Guten. Ich ahne, dass ich ein stärkeres Fundament brauche, um vom Trainer unabhängig zu werden und meine Leistung abrufen zu können.

Dieses Gefühl, dem Wesen und Wirken des Trainers so hilflos ausgeliefert zu sein, provoziert mich zu einer folgenschweren Entscheidung: Ich beende mein Psychologiestudium. Schluss mit aller grauen Theorie. Die Antwort auf die Frage, warum ich so von einem anderen Menschen – dem Trainer – abhängig bin, finde ich nicht in Schulbüchern, sondern nur im richtigen Leben. Im Fussball. Auf dem Spielfeld. Deshalb entscheide ich mich für ein Leben als Fussballprofi.

Fussball im Zeichen der Frechheit: Ottmar Hitzfeld
Ich habe riesiges Glück. Ich darf unter einem Trainer trainieren und spielen, der, wie sich Jahre später weisen sollte, einer der weltbesten ist: Ottmar Hitzfeld. Der SC Zug ist in der Nationalliga B die erste Station des Mannes, der jetzt noch ein Nobody im Geschäft ist. Aber hat schon damals den Traum, einmal Europas Topklubs zu trainieren. Er strebt mit halsbrecherischem Risiko und unglaublich konsequent den totalen Erfolg an. Er

ist nicht nur schlau; er ist auch offen für neue Ideen. Denn er weiss: Fussball wird nicht nur mit den Beinen gespielt. Für ihn gibt es keine Grenzen. Alles ist möglich. So beherrscht und kontrolliert er auf Aussenstehende wirken mag, so frei ist er im Denken. Und er weiss, wie er Spieler auf dem Feld und Partner im Umfeld findet, die seine Ideen in die Wirklichkeit umsetzen. Die bereit sind für dieses Spiel ohne Grenzen. Hitzfeld ist vielleicht der erste Trainer, der erkennt, wie wichtig ein Beziehungsnetz in einer Sportszene ist. Und der erste, der aus dieser Erkenntnis konsequent die richtigen Schlüsse zieht: Er investiert sehr viel Zeit in den Aufbau seiner «Beziehungsplantage» – und er gehört zu den Pionieren im Bereich der Selbstvermarktung. Kein anderer Trainer hat mit so viel Sorgfalt und so viel Cleverness sein Image bei den Medien gepflegt. So ist es ihm gelungen, seinen Namen zu einem Markenzeichen zu machen. Erfolge haben viele Fussballtrainer. Manche sogar noch mehr als Hitzfeld – aber nur wenige haben so viel Charisma wie er.

Er weiss auch, dass die Zeit, erfolgreich zu werden, verhältnismässig kurz ist. Er gibt sich fünf Jahre. Der Mathematiklehrer und leidenschaftliche Pokerspieler nützt jede sich bietende Chance. Er darf keine Zeit verlieren, also sorgt er für eine immense Dynamik. Er weiss, dass Zweifeln und Zaudern bestraft wird. Er lebt die Faszination des Sports: Sieg oder Niederlage, Ja oder Nein. Damit er jede sich bietende Chance optimal nutzen kann, bereitet er sich sorgfältig vor: Sodass er bereit ist, wenn das Glück an seine Türe klopft.

Und er experimentiert. Jede Woche kommt eine Frau Wallimann aus dem Luzerner Hinterland zu uns nach Zug; dann trainieren wir nicht auf dem Rasen. Wir legen uns im Klubhaus, einer alten Holzbaracke, für eine Stunde auf den Boden, die Augen geschlossen, entspannt. Mit ihrer sanften und bestimmten Art führt uns Frau Wallimann weg von der tristen Realität (wir stehen nur auf dem fünften Platz in der Liga) in eine Traumwelt, in der uns alles gelingt. In der wir Helden sind und den Aufstieg in die Nationalliga A schaffen. Sie brennt uns den Glauben an den Aufstieg in den Kopf – auch wenn es lange nicht danach aussieht, dass wir es schaffen, und Zweifel und Kritik aufkommen (einige machen sich schon über die «Zauberin» lustig), lässt sich Hitzfeld nicht beirren. Er pokert hoch, riskiert alles und gewinnt alles: Mit Blitz und Donner (wir gewinnen die letzten zehn Spiele der Saison) steigen wir auf. Bald darauf ist Hitzfeld weg. Er weiss, dass es mit Zug nicht noch weiter nach oben gehen kann. Er wechselt zum FC Aarau und nimmt mich mit. Wieder riskiert er alles, wieder siegt die Frechheit. Er formt graue Mäuse zu einem Siegerteam. Wir gewinnen den Schweizer Cup. Dieser Cupsieg 1985 im Wankdorf steht für uns bis heute als «zweites Wunder von Bern» in den Geschichtsbüchern.

Hitzfeld ist ein Trainer, der alle Bremsen löst und uns bedingungslos nach vorn treibt. Das Resultat ist ein für diese Zeit unerhört risikoreiches Vorwärtsspiel, das zu einer offensiven Lawine wird.
Wir spielen mit dem Feuer. Es ist im Grunde völlig verrückt. Denn auch die Defensivspieler marschieren frech und unbekümmert vorwärts. Wir setzen die Offsidefalle ein wie Ajax Amsterdam zu den besten Zeiten von Johan Cruyff. Was wir anfänglich gar nicht realisieren: Diese Frechheit führt zu viel höherer Konzentration. Sie zwingt nämlich alle mitzudenken und mitzumachen. Jeder Einzelne wird von dieser Dynamik erfasst. Und mitgerissen.

Wir wagen alles, überrollen mit einem gnadenlosen Pressing unsere Gegner. Alle prophezeien uns den Einbruch, das Debakel, das ernüchternde Ende. Doch dieses Spiel mit dem offensiven Feuer, dieses Gefühl, dem Gegner das Spiel aufzuzwingen und ihn so zu beherrschen und zu verunsichern, macht ungeheuren Spass und verleiht uns Flügel. Hitzfeld tut alles dafür, dass wir vorwärtsmarschieren. Er kümmert sich um jedes Detail. Geht an jede Grenze. Wir werden angehalten, bei Fehlentscheiden des Schiedsrichters oder des Linienrichters (oder Entscheiden, mit denen wir nicht einverstanden sind) sofort auf die Unparteiischen loszusprinten und sie einzuschüchtern – und so das Publikum auf unsere Seite zu bringen. Immer vorwärts, pausenlos, niemand soll eine Atempause bekommen. Nicht der Gegner, nicht die Schiedsrichter. Und siehe da: Auf einmal haben die Schiedsrichter Angst, im Zweifelsfall gegen uns zu entscheiden. Und manchmal wagen sie es nicht einmal mehr, dann gegen uns zu pfeifen, wenn sie es tun müssten. Schlitzohr Hitzfeld sitzt dabei ganz ruhig auf der Bank und zeigte vordergründig immer grosses Verständnis für die eingeschüchterten Schieds- und Linienrichter, indem er uns theatralisch zu beruhigen versucht. Er ist das Gegenstück zu seiner scheinbar wild gewordenen Mannschaft.

Das ist Hitzfeld, der nervenstarke Pokerspieler: Weil er so ruhig ist, entgeht im nichts. Er kümmert sich um jedes Detail. Ich muss es am eigenen Leib erfahren. Während der Winterpause fliegen wir nach Thailand ins Trainingslager. Ich erliege mit einigen Spielerkollegen den Verführungen vor Ort. Wir ziehen nachts los. Hitzfeld merkt, dass wir uns im Training quälen müssen. Ich werde immer übermütiger. Am letzten Abend schwänze ich das gemeinsame Nachtessen mit der Mannschaft und geniesse eine Thaimassage. Fürs Dessert war ich dann wieder zurück am Tisch. Der grosse Zampano sagt nichts, noch nicht.

Doch bereits am Tag nach der Rückkehr muss ich zum Einzelgespräch antraben. Ich ahne, ich spüre, dass jetzt ein

Donnerwetter heraufzieht. «Ruedi», sagt Hitzfeld, «du hast nachgelassen und steckst mit deiner Nachlässigkeit die anderen Spieler an. Ab sofort bist du nur noch Ersatz und bleibst auf der Bank, bis ich wieder spüre, dass du dich voll auf den Fussball konzentrierst.» Das schlägt ein wie ein Blitz. Es tut nicht nur weh, sondern es ist eine Schmach, als bestandener Spieler zum Ersatzmann degradiert zu werden. Ich gelte als der vielleicht einflussreichste Spieler. Ich habe über meine Beziehungen Trainingslager und Transfers finanziert, ich stehe in der Hierarchie der Mannschaft ganz oben und sorge für Zusammenhalt und Stimmung. Das interessiert Hitzfeld nicht. Er greift durch. Ohne Rücksicht auf Namen, Verdienste und Einfluss. Er erstickt den Schlendrian im Keim. Er weiss, dass ein Problem sofort gelöst werden muss. Bevor es gross und grösser wird. So konsequent ist er in allen Bereichen. Auch in der Öffentlichkeitsarbeit, denn wie kein Zweiter weiss er, dass die Art, wie die Öffentlichkeit ihn wahrnimmt, auch grossen Einfluss hat auf seine Spieler, auf die Stimmung im Team.
Virtuos spielt er auf der Klaviatur der Medien. Er ist glaubwürdig, authentisch und fast unangreifbar.

Das ist es also: Alles ist möglich. Es geht nur darum, die Chance zu erkennen, das Feuer zu entfachen und es konsequent am Lodern zu halten. Ich habe meine Lehren daraus gezogen und mich gebessert – und am nächsten Wochenende wieder gespielt.

Fussball im Zeichen der Leichtigkeit: Rolf Fringer
Trainer, die mich fertiggemacht haben. Trainer, die mich und mein Selbstvertrauen wieder aufgepäppelt haben. Und schliesslich mit Hitzfeld ein Trainer, der sich bald als einer der besten der Welt entpuppen sollte. Nach so vielen Erfahrungen gibt es für mich nach dem Ende meiner Karriere als Spieler nur ein Ziel: Ich will ein grosser Trainer werden.

Der Anfang gelingt als Profitrainer im Nachwuchs des FC Aarau und als Assistent von Trainer Rolf Fringer. Wieder gelingt scheinbar aus dem Nichts heraus ein märchenhafter Erfolg: Wir gewinnen mit dem FC Aarau die Meisterschaft. Diesmal ist der Trainer nicht ein cooler Pokerspieler und Kopfmensch wie Ottmar Hitzfeld. Es ist der «Bauchmensch» Rolf Fringer. Noch nie habe ich während einer Saison so viel gelacht und so viel Spass gehabt. Fringer verbindet die Leichtigkeit des Lebens und des Erfolgs, ist spontan, intuitiv, hellwach, frech. Bald darauf bekommt er in Stuttgart eine Chance in der Bundesliga. Für mich der Moment, einen neuen Weg zu gehen.

Also mache ich mich auf der Suche nach dem Geheimnis des Erfolgs als Trainer. Ich will in der Theorie erfassen, was ich jetzt in der Praxis unter all den Trainern wie Paul Stehrenberger, Daniel Jeandupeux, Max Merkel, Köbi Kuhn, Ottmar Hitzfeld, Urs Siegenthaler und Rolf Fringer erlebt habe. Aus der Praxis die Theorie für die Praxis entwickeln. Ich will wissen, wie die Grossen der Fussballwelt arbeiten.

Fussball im Zeichen der Theorie
Nun beginnen meine Lehr- und Wanderjahre. Ich bin auf der Suche nach den Geheimnissen. Ich will Erklärungen für das, was ich als Spieler erlebt habe und doch nicht erklären kann. Um meine grosse Neugier zu stillen, mache ich mich zuerst auf, um zu erfahren, was die Gurus, die grossen Sport- und Motivationspsychologen in den USA und in Deutschland, lehren. In Florida weiht mich James E. Loehr, ein Sportpsychologe der ersten Stunde, in sein Wesen und Wirken ein. Die weltbesten Tennis- und Golfspieler sind seine Kunden. Sein Spezialgebiet ist die Vorbereitung «auf den wichtigsten Schlag meines Lebens». Wer im Golf jeden Schlag als den wichtigsten seines Lebens betrachtet und mit entsprechender Vorbereitung, Konzentration und Intensität ausführt, hat durchschlagenden

Erfolg. So entwickelt sich diese mentale Stärke, die nicht nur bei «Big Points» im Sport, sondern auch im Leben bei grossen Herausforderungen und Stresssituationen so wichtig ist.

So wie bei Loehr bin ich überall, bei Trainern, Coaches, Managern, Spielern, Spielerberatern, bei den Senioren und den Junioren, bei Frauen und Männern und quer durch alle möglichen Sportarten auf offene Ohren gestossen. Ja, ich spüre bei vielen dieser Menschen ein Bedürfnis, über ihre Arbeit zu sprechen. Inzwischen ist für mich klar: Offenheit und Ehrlichkeit sind Charaktereigenschaften aller erfolgreichen Menschen.

Es geht oft auch um ganz persönliche Fragen und Ängste: Wie kann ich mit diesem Stress, mit diesem enormen Erwartungsdruck, mit dieser Angst vor dem Scheitern umgehen? Wie bringe ich die Spieler dazu, im Ernstfall unter maximalem Druck ihr Potenzial umzusetzen?

Dabei hilft mir, dass ich als ehemaliger Spieler und Trainer ihre Sprache spreche und nicht als weltfremder «Wunderheiler» rüberkomme.
Diesbezüglich bezeichnend war mein Empfang beim Radteam Phonak. Der sportliche Leiter, Urs Freuler, stellt mich vor mit den Worten: «Das ist Ruedi Zahner. Er schimpft sich nicht Psychologe.» Die Menschen begegnen mir mit positiver Neugier.

Ich spüre eine gewisse Hilflosigkeit, ja Ohnmacht in Zeiten der Krisen und Konflikte. Und ein grosses Bedürfnis nach Unterstützung. Nach einem Rückhalt und Inseln der Ruhe in Krisensituationen.
Der Dämon des Scheiterns ängstigt alle. Die Anfänger und die Stars. Den Trainer und den Spieler. Ein Beispiel ist die Aussage des italieners Nevio Scala als Trainer bei Borussia Dortmund: «Ich glaube, meine Spieler sind krank im Kopf.» Das ist die

blanke Not. Denn bei den vermeintlich Psychischkranken handelt es sich um Nationalspieler und Volkshelden mit Millionensalär. Und in dieser Welt der Millionen finden sich Beispiele eines geradezu kindlichen Vertrauens. Auf meine Frage, wie die Krise überwunden werden kann, sagt mir ein grosser Star von Bayern München spontan: «Hitzfeld wird uns schon den Weg zeigen.»

Ich habe auch vermeintliche Titanen getroffen, die völlig verzweifelt und frustriert waren. Ein aktueller Fussball-Nationalspieler kam einst mit einer niederschmetternden Eigendiagnose zu mir. Er sei eine Null, und er habe sein Selbstvertrauen komplett verloren. Und er möchte wissen, wie er ein stabiles Selbstbewusstsein entwickeln kann, so sein verzweifelt vorgebrachtes Anliegen.
Ich gehe der Frage nach: Welches Verhalten, welche Schlüsselqualitäten zeichnen die Weltbesten aus?
Und diesbezüglich herrscht unter den erfolgreichen Trainern Einigkeit. Die zwei wichtigsten Verhaltenswerte sind wie zwei Pole, sind verschieden wie Feuer und Wasser. Einerseits die Frechheit, immer aufs Feld zu gehen, um zu gewinnen, und andererseits die Teamfähigkeit. Also einerseits der freche Egoismus und andererseits die Fähigkeit, sich in den Dienst der Mitspieler zu stellen. Das tönt banal – ist es aber nicht.

Die vielleicht häufigsten Frage, die mir immer wieder gestellt wird: «Warum gelingt einem im Training alles und im Spiel, wenn es zählt, nichts mehr?» Bei dieser Frage spürte ich Ohnmacht und Frustration. So bin ich immer wieder auf eine grosse Sehnsucht gestossen nach mehr Selbstvertrauen, nach einem starken Fundament, das einen auch in schwierigen Zeiten trägt. Und auf den grossen Wunsch, dass der Trainer die Ängste und Zweifel versteht und als gestrenger, aber fairer Chef auftritt, der die Marschrichtung vorgibt und in Zeiten der

Verunsicherung dasteht wie ein Fels in der Brandung und allein durch seine Präsenz Sicherheit vermittelt.

Oft ist es ein Bedürfnis, endlich jemanden die eigene Erfolgsgeschichte erzählen zu dürfen. Doch am spannendsten sind für mich die Gespräche mit Trainern, mit Menschen, die erzählen, wie sie vermeintliche Schwächen und Ängste in Stärken und Entschlossenheit umgewandelt haben. Wie sie aus Niederlagen und Krisen herausgefunden haben.
Mich interessiert, was für eine Einstellung die Menschen zu Fehlern haben, wie sie persönlich mit dem Scheitern umgehen. Aber auch, was sie trägt, wenn alles zusammenbricht. Und wie sie mit Euphorie umgehen. Wohlwissend, dass sich im Erfolg der Virus des Misserfolgs einnistet.

Besondere Faszination üben auf mich langfristig erfolgreiche Trainer aus. Trainer, die mit dem Druck des kurzfristigen Erfolgs langfristig problemlos leben, die Resultate «produzieren» und gleichzeitig auf Qualität und Nachhaltigkeit achten. Die eine Kultur mit festen Grundwerten schaffen. Die diese Quadratur des Kreises – schnelle Resultate, Stabilität und Qualität auf allen Ebenen – schaffen.

Wir wollen ja immer sofort Erfolg haben, sofort das Grosse erreichen – und vergessen dabei, dass wahrer Erfolg auf Wachstum und Nachhaltigkeit beruht. Das Geheimnis ist, in eine Aufgabe hineinzuwachsen, an der Herausforderung zu wachsen und den beschwerlichen Weg nach ganz oben zu geniessen. Siege sind vergänglich. Was den Augenblick überdauert, sind die Werte, die zu diesem Erfolg geführt haben: Siegeswillen, Leidenschaft, Geduld, Loyalität, Mut, Gelassenheit, Überzeugungskraft – und eine grosse Portion Frechheit. Nur wenn diese Tugenden bleiben, auch wenn die Siegesparty vorbei ist, hat der Trainer wirklich erfolgreich gearbeitet.

Eine spannende Möglichkeit, meine Erfolgsstudie zu vertiefen bietet mir der Weltfussballverband FIFA im Rahmen der WM 1998 in Frankreich.
Ich habe die Aufgabe, zu analysieren, wie Frankreich als Gastgeber mit dem riesigen Erwartungsdruck während der WM im eigenen Land umgeht.

Fussball im Zeichen des maximalen Druckes: Aimé Jacquet
12. Juli 1998. Eine kleine verschworene Gruppe trainiert, während der Rest der Welt sich das Eröffnungsspiel der Fussball-Weltmeisterschaft 1998 zwischen Brasilien und Schottland anschaut. Die französische Nationalmannschaft, einer der Mitfavoriten, geht konsequent den Weg der Vorbereitung weiter. «Wir sind da, um zu gewinnen und der Mannschaft zu dienen», wird Wochen später Weltmeister Lilian Thuram mit seiner knappen Aussage diesem ungewöhnlichen Schritt den tieferen Sinn verleihen. Es ist die Philosophie seines Trainers Aimé Jacquet, die alle verinnerlicht haben.

Jacquet wusste ganz genau, dass der Erfolg seiner Mannschaft bei diesem Turnier im eigenen Land von der mentalen Verfassung abhängt. Zwei Jahre lang hat er das Team auf diesen grossen Moment vorbereitet. Zweifel und Unsicherheit waren für sie Fremdwörter, als es losging. Das war die grosse Leistung von Jacquet. Zwei Jahre der Ungewissheit, des ständig wachsenden Drucks, der immensen Erwartungshaltung. Nie vorher und nie nachher ist ein Nationaltrainer unter grösserem Druck gestanden. Denn *L'Equipe,* die auflagenstärkste Sportzeitung Frankreichs, die Bibel des Fussballs, hat vom ersten Tag an die Absetzung Jacquets gefordert. Jacquet liess sich nicht beirren und ist seinen Weg gegangen. Wenn einer glaubhaft darlegen kann, wie man mit grösstmöglichem Druck umgeht und konsequent seinen Weg weitergeht, dann ist es Jacquet.

Er hat die Presse boykottiert und – ungeheuerlich und noch nie da gewesen – mit den Journalisten von *L'Equipe* nicht mehr gesprochen. Fussball in Zeiten der Polemik. Jeden Morgen machte er mit seinem Psychologen ein Lauftraining und liess sich in seinem Weg bestärken. So machen wir es. So werden wir Erfolg haben. So, wie im schon erwähnten Beispiel, als er mit den Spielern während des WM-Eröffnungsspiels trainierte. Er hat auch nie in der «Ich-Form» gesprochen. Die Botschaft war eine andere: «Wir sind ein Team.» Im Übrigen meidet Jacquet bis heute wenn immer möglich den Kontakt mit den Medien. Nach dem Gewinn des WM-Titels entschuldigt sich *L'Equipe* öffentlich beim französischen Nationaltrainer, und die Polemik gegen Jacquet führt schliesslich zur Entlassung des Chefredaktors.

Fussball im Zeichen der Unabhängigkeit: Jürgen Klinsmann
Es gibt nicht nur Jacquet. Es gibt acht Jahre später einen wie den deutschen Nationaltrainer Jürgen Klinsmann. Er hat einmal gesagt: «Solange man lächelt, kann man keine Fehler machen.» Er hat den Mut, sich in einer fussballverrückten Nation offen zu einem hohen Ziel zu bekennen. Klinsmanns Programm für die WM 06 in Deutschland ist ein Programm der Frechheit. Er kreiert eine Philosophie, eine Identität, und er geht diesen Weg unbeirrt. Auch gegen innere Widerstände. Er hat die Frechheit, vor einer wahrlich titanischen Aufgabe (Deutschland an einer Fussball-WM in Deutschland zum Erfolg zu führen) in die Kamera zu lächeln und Zuversicht und Leichtigkeit auszustrahlen. Und das im Land des Kampfs. Klinsmann geht den Weg sehr behutsam. Doch in seiner Überzeugung ist er beinhart. Sanft in der Art, hart in der Tat. Es gibt kein Beispiel in der modernen Geschichte des Fussballs für das Risiko, das er als deutscher Bundestrainer eingegangen ist. Jürgen Klinsmann und sein Assistent Jogi Löw stehen nicht nur für die WM im eigenen Lande unter maximalem Druck. Sie haben in der

konservativen deutschen Fussballwelt auch das Risiko auf sich genommen, einen eigenen Weg zu gehen. Die Antwort auf meine Frage, wie sie diesem Druck standhalten, ist einfach, klar und wahr: «Wir ziehen unsere Linie konsequent durch. Wenn es gut geht, dann ist das wunderbar. Wenn es nicht funktioniert, dann gehen wir wieder.» Die Frechheit siegt. Aber wer frech sein will, muss auch unabhängig sein. Frei sein im Denken und im Handeln. Mut und Selbstvertrauen haben. Dazu Lust an der Arbeit. Lust, neue Wege zu gehen, Risiken auf sich zu nehmen. Da gibt es keine Kompromisse mehr, keine Angst, den Job zu verlieren. Und Klinsmann ist durch und durch konsequent: Nach der erfolgreichen Weltmeisterschaft liegt ihm die Nation zu Füssen. Doch er geht wieder seinen eigenen Weg, schlägt das Angebot für eine Vertragsverlängerung aus. Zieht sich wieder zurück nach Kalifornien, tankt Kräfte. Und wählt später wieder die grösstmögliche Herausforderung. Er wird Trainer bei Bayern München – als Nachfolger von Ottmar Hitzfeld.

Eishockey im Zeichen der perfekten Ausführung: Ralph Krueger
Auch der Schweizer Eishockey-Nationaltrainer Ralph Krueger hat seine ganz besondere Methode. Der Deutschkanadier hat in den ersten Jahren seiner Arbeit in der Schweiz gegenüber den Spielern das Wort «Gewinnen» nie gebraucht, und er hat nie von Resultaten gesprochen. Er hat damit erreicht, dass sich die Spieler nicht mehr mit dem Resultat beschäftigt haben, sondern mit der möglichst perfekten Ausführung auf dem Eis. So verschwand der Druck und es kehrten Spass, Freude und Erfolg zurück.

Eishockey im Zeichen des Wahnsinns: Arno Del Curto
In den Neunzigerjahren habe ich die vielleicht faszinierendste Schweizer Trainerpersönlichkeit kennengelernt. Er hatte den Mut und die Grösse, nach seiner Entlassung beim Zürcher SC die

Schuld bei sich selbst zu suchen. Und begann alles zu hinterfragen. Sich selbst. Seine Arbeit. Seine Methoden. Er setzte den Hebel am richtigen Ort und suchte nicht nach Schuldigen. Arno Del Curto, ein Mensch mit einem brennenden Herzen. Ein unbedeutender Spieler schafft es ganz nach oben und wird Trainer des Jahres 2007. Den Erfolg verdankt er seinem Mut, anders zu sein. Seinen eigenen Weg zu gehen. Sich nicht darum zu kümmern, was andere von ihm denken.

Sein Wesen und Wirken haben mich tief beeindruckt und inspiriert.

An der U-20-Weltmeisterschaft in Boston, 1995, bringen die Schweizer zum ersten Mal überhaupt die Kanadier an den Rand einer Niederlage. Gegen die Kanadier hatten die Schweizer bis anhin nie auch nur den Hauch einer Chance gehabt.

Diesmal gelingt den hoch favorisierten Kanadiern mit knapper Not ein 2:1-Sieg. Weil sie von den Schweizern völlig überrascht worden sind. Statt ängstlich in der eigenen Zone zu verharren und darauf zu achten, nur ja keine Fehler zu machen, greifen die Schweizer an. Sie marschieren vorwärts. Decken die Kanadier mit einem Hagel von harten Checks ein. Eigentlich ein taktischer Wahnsinn – aber es funktioniert. Der Trainer an der Bande ist Arno Del Curto, der nach der Entlassung beim ZSC ins sportliche Abseits geraten ist. Wieder ein Schweizer Trainer, der gescheitert ist.

So stellt er sich und seine Methoden grundsätzlich in Frage. Wie muss ich als Trainer sein, damit ich die Erfolge erreichen kann, von denen ich träume? «Weisst du, Ruedi, nach dem mehrwöchigen Besuch bei verschiedenen Klubs der National Hockey League in Kanada ist mir klar geworden, dass ich viel mehr von mir und von den Spielern fordern muss, um an die Spitze zu kommen. Bisher sind meine Spieler aufs Eis gegangen, um nicht zu verlieren. Doch nach der Entlassung beim ZSC sagte ich mir: Arno, so geht es nicht weiter. Du musst dich von Grund auf ändern und alles anders machen. Du musst von dir und den Spielern und von allen Beteiligten mehr verlangen. Als erste Massnahme heisst es ab sofort: Wir gehen aufs Eis um zu gewinnen, egal, gegen wen wir spielen.» Zum ersten Mal sorgt er mit dieser fürs Schweizer Eishockey neuen Frechheit an der U-20-WM in Boston für Aufsehen. Er sagte vor diesem Spiel in der Kabine: «Wenn wir den Puck haben, wollen wir ein Tor schiessen. Wenn Kanada den Puck hat, warten wir nicht, sondern attackieren sie ganz vorn, spielen auf den Mann, schüchtern sie ein und checken sie vom Eis. Wer nicht voll auf den Mann geht und den Check nicht abschliesst, wandert auf die Ersatzbank.»

Typisch schweizerisch: Gewohnt, gegen Kanada Kanterniederlagen hinzunehmen, feiern die Spieler nun dieses knappe 1:2 wie einen Sieg. Aber Arno Del Curto feiert nicht: Seine Mannschaft hat verloren, und er ist enttäuscht. Er ruft seine Spieler im Hotel zur Teamsitzung und staucht sie während zwanzig Minuten zusammen. Nach dem besten Junioren-Länderspiel aller Zeiten gegen Kanada. Er tobt. Obwohl nun das für den Klassenerhalt entscheidende Spiel gegen Deutschland auf dem Programm steht.

Die Spieler verstehen die Welt nicht mehr. Del Curto hat es nach der Spielvorbereitung nun auch bei der Nachbearbeitung geschafft, die Spieler zu verblüffen und aufzurütteln. Und er überrascht sie ein drittes Mal: Bis tief in die Nacht besucht er sie völlig unerwartet in ihren Hotelzimmern und gibt sich als Vater und Freund, der doch nur das Beste für alle herausholen will. Er zeigt sich von der weichen, sensiblen, fürsorglichen Seite. Und es funktioniert. Die Spieler gehen für ihren Trainer durchs Feuer und schaffen den Klassenerhalt.

Nicht nur in Davos wird Arno Del Curto die Eishockeygeschichte neu schreiben, mehrmals den Spengler Cup und die Schweizer Meisterschaft gewinnen. Er formt auch eine neue Generation von Spielern. Es ist kein Zufall, dass Verteidiger Mark Streit, während seiner Zeit beim HC Davos sehr stark von Arno Del Curto beeinflusst, als erster Schweizer Feldspieler den Durchbruch in der nordamerikanischen National Hockey League schafft. Das ist Arno Del Curto: Frechheit siegt. Er irritiert, verblüfft, provoziert. Er tut das Unerwartete. Er zelebriert Eishockey in Zeiten des Wahnsinns.

Das Erfolgsprinzip
Auf meiner Suche nach den Prinzipien des Erfolgs bin ich auf ein grosses offenes Geheimnis gestossen:
Nicht Organisationen, Organigramme und Theorien machen den Erfolg aus. Sondern Persönlichkeiten.
Und die grossen Persönlichkeiten zeichnen sich im Sport, in der Wirtschaft, im Leben durch ein Prinzip aus, das schon die alten Römer in einer Spruchweisheit auf den Punkt gebracht haben; die Römer, die ihr Weltreich über Jahrhunderte hinweg genau mit diesem Prinzip erfolgreich zusammengehalten haben:
«Suaviter in modo, fortiter in re» – «Weich im Umgang, hart in der Sache».
Oder anders ausgedrückt: Sanft in der Art, konsequent in der Tat.

Der Erfolg im Umgang mit Menschen gehört heute denen, die im Einklang mit diesem bewährten Führungsprinzip stehen. Um erfolgreich zu führen, muss ich zuerst verstehen. Um zu fordern, muss ich zuerst fördern. Um «frech» zu sein, muss ich zuerst Vertrauen aufbauen.

Bis heute sind für mich die vielen Begegnungen mit all den Menschen und Trainern und Persönlichkeiten eine Quelle der

Inspiration geblieben, sie haben mich dazu motiviert, als Coach und Trainer mit anderen Menschen zu arbeiten.

Wendepunkt
Hinzu kam ein dramatischer Wendepunkt im Privaten: die Scheidung nach zwölf Jahren Ehe. Es ist der Tiefpunkt in meinem Leben – aber zugleich ist es ein Aufwachen. Ich muss diese Herausforderung annehmen, wenn ich meine Träume verwirklichen will. Mein «privates Grounding» wird so der Beginn eines neuen Lebens. Ich bin gezwungen, mich mit mir selber auseinanderzusetzen. Es ist der Aufbruch zu einer Abenteuerreise. Die Reise zu mir selbst. Zu meiner Lebendigkeit, meiner Frechheit. Ich entdeckte die Indianer, Yoga, die Männer, die Frauen, den Clown und die Pferde auf dieser Reise, die mich wegführt aus der Alphütte des braven, lieben «Bünzli» und mich zum selbstbewussten, frechen, im Grund der Dinge wahren Schweizer macht.

Es ist eine spirituelle Reise. Ich muss niemanden etwas beweisen. Ich kann mit «Chrampfen», mit der Brechstange nichts erreichen. Es ist eine Gratwanderung zwischen Himmel und Hölle, gespickt mit vielen intensiven, schmerzlichen, aber auch schönen Momenten. Ich finde einen Zugang zu meinem inneren Potenzial, ich entdecke meine innere Kraft. Ich finde Lebensprinzipien, mit deren Hilfe ich ein stabiles Fundament des Selbstvertrauens und der inneren Sicherheit aufbauen kann. Ich werde unabhängig und beginne meine eigene Frechheit zu leben. Auf diesem Weg habe ich erfahren, dass es nicht nur den Kopf, die Theorie, das Wissen gibt. Sondern auch einen Körper und eine Seele, Gefühle, Energien. Das, was einen Menschen ausmacht.

Kapitel 2

Überlebe ich das?

Warum bin ich eigentlich hier?
Ich sitze im Kreis mit mir völlig unbekannten Frauen und Männern und höre Häuptling Thunder Strikes zu, einem Cherokee, mitten im Indianerland von Montana, mitten in fruchtbar grüner, wilder Natur, magisches Land, aufgeladen durch jahrtausendealte Rituale. Eine Woche lang hatten wir Zeit gehabt, uns vorzubereiten auf den Sonnentanz und den «Arbor» in gemeinsamer Arbeit aufzubauen, den Tanzraum für das uralte Ritual des Sonnentanzes. Sieben Tage Vorbereitung auf diese Prüfung. Keine Ahnung, was mich jetzt wirklich erwartet. Nur eines ist mir klar: Ich will drei Tage ohne Essen und ohne Wasser für meinen Herzenswunsch tanzen. Will meine Vision und mich prüfen, will wissen, ob wir wirklich zusammengehören. Ein lebensgefährliches Abenteuer, wie mir der zuständige Medizinmann und Arzt versicherte. Die Entscheidung liegt ganz bei mir. Drei Tage ohne Essen, das ist vorstellbar – aber drei Tage ohne Berührung mit Wasser zum dröhnenden Herzschlag der Indianertrommel durchtanzen von Sonnenaufgang den Tag durch bis zwei Uhr in der Nacht, wenn die Trommeln schweigen ... wie überlebe ich das? Vor allem diese unglaubliche Hitze!
Schon als kleiner Junge war mir klar: Ich werde einmal Mama heiraten, dann werde ich Fussballstar, und danach werde ich als grosser Trainer die Welt erobern! Was Buben so träumen eben. Und doch war es mir damals tief innen Ernst damit. Über vierzig Jahre ist das her, vierzig Jahre rennen nach Erfolg und Anerkennung. Erst als Fussballprofi, dann als Coach und Geschäftsmann. Erfolgreich, aber immer irgendwie mit angezogener Handbremse und ohne diese Leichtigkeit, nach der ich mich so sehne.

Und warum bin ich jetzt hier im Sonnentanzland, lebe in der Natur ohne fliessendes Wasser, ohne jeglichen zivilisatorischen Standard? Überlebe ich das?
Und gleich am ersten Tag der erste Schock. Ich muss aufs WC. Das Klo ist ein Erdloch mit einem Brett drüber, viel Gestank und aufsteigender Urindunst. Gerade wundere ich mich, dass hinter mir ein zweites Brett mit Loch ist, da kommt eine Frau rein, grüsst mich, setzt sich genau hinter mich und verrichtet ihr Geschäft. «Oha», denke ich, «da habe ich jetzt aber ein grosses Problem.» Wie erstarrt sitze ich da und überlege peinlich berührt, was ich tun soll. Doch die Situation entspannt sich, als diese Frau völlig selbstverständlich mit mir über alles Mögliche zu sprechen beginnt. Und wieder schiesst mir die Frage durch den Kopf: «Warum bin ich eigentlich hier, ich bin doch aus der Welt des Sports, ein gestandener und erfolgreicher Geschäftsmann! Irgendwie passe ich doch nicht hierher!»
Immer wieder driften die Gedanken weg aus dieser befremdlichen Situation zurück zum kleinen Ruedi, der die Indianergeschichten gelesen hatte. Frech war dieser kleine Ruedi gewesen, ein Spitzbube, Anführer und Streichemacher. Und hatte dieser kleine Ruedi nicht alles erreicht, was er sich frech erträumt hatte? Klar, Mama hat er nicht geheiratet, die war ja schon vergeben. Aber war er nicht erfolgreicher Fussballprofi geworden? Doch das war er!
Hatte er sich nicht immer wieder die Bewunderung erkämpft, die er so dringend brauchte?
Doch das hatte er! Und doch hatte er immer das Gefühl gehabt, nicht gut genug zu sein, nicht perfekt zu sein, nicht zu genügen, hatte krampfhaft die Fassade aufrechterhalten, hinter der der Dämon des Scheiterns lauerte.
Aber hatte er nicht eine wunderbare Frau geheiratet, drei Kinder mit ihr in die Welt gesetzt, die Familie ernährt, die Kinder mit grossgezogen?
Doch, auch das hatte er!

Bloss keine Schwäche zeigen!
Alles war also in bester Ordnung gewesen. Von aussen betrachtet jedenfalls war der erwachsene Ruedi der erfolgreiche Sonnyboy geworden, der äusserlich alles erreicht hatte, was er sich als Bub für sein Leben erträumt hatte.
Während wir eine Woche lang intensiv in das Leben der Indianer eingeführt wurden, ihren Spirit erfuhren und uns so auf den Sonnentanz vorbereiteten, durchlebte ich immer wieder in meinem Inneren den Moment der Katastrophe, als ich geoutet wurde vom Leben und mir selbst ohne Maske in die Augen schauen musste. Lange hatte ich den Moment der endgültigen Konfrontation hinausgezögert. Ich bin immer der Brave, der Liebe, der Verständnisvolle gewesen. Ich bin Konflikten und Konfrontationen immer elegant ausgewichen, habe immer Gefühle wie Wut, Schmerz, Trauer zurückgehalten, konnte nicht frech sein, konnte nicht zu meinen Gefühlen stehen. In meiner Ehe war Schweigen und Ausweichen immer meine Waffe gewesen gegen die Angst, mich zu zeigen, ich bin so dem Risiko ausgewichen, alles zu verlieren.
Wozu ich eigentlich fähig war, zeigt mir im Rückblick ein heftiger Zusammenstoss in meiner aktiven Zeit als Fussballprofi. Einmal hatte der Dampfkessel tatsächlich Druck abgelassen. Ich spielte beim SC Zug unter dem Trainer Ottmar Hitzfeld. Es war seine erste Trainerstation. Nach bescheidenen vier Punkten in der fünften Runde wurden Hitzfeld und ich vom Präsidenten vorgeladen zum Gespräch, wo er mir mitteilte, dass ich zu wenig Leistung auf dem Rasen bringe für das Geld, das er in mich investiere. Das traf mich an einem verletzlichen Punkt, und im Nachhinein ist mir klar, warum ich so aggressiv reagierte: Im Gegensatz zu mir hatte er die Frechheit, den Mut, ohne lang hin und her zu überlegen, mir direkt seine ehrliche Meinung ins Gesicht zu sagen. Das machte mich richtig aggressiv, weil er etwas gemacht hatte, wonach ich mich auch sehnte: Nicht immer Rücksicht nehmen, nicht immer ewig überlegen, nicht

immer schweigen, lieb sein, sondern einmal sagen, was Sache ist, auch wenn es wehtut. Plötzlich war ich nicht mehr der liebe angepasste Ruedi und entgegnete ihm: «Herr Präsident, Ihre Meinung interessiert mich nicht, für mich zählt nur die Meinung von Hitzfeld. Sie haben eh keine Ahnung von Fussball.» Der Präsident, hitzköpfig wie er war, wollte mir an die Gurgel. Hitzfeld ging dazwischen und «rettete» mich. Wow! Das hatte gut getan, nicht immer die Schwanz einzuziehen, einmal zu sagen, was ich empfinde. Hinterher wurde ich von Hitzfeld auf den Boden zurückgeholt: «Ruedi, wenn du im Leben Erfolg haben willst, musst du unbedingt diplomatischer agieren!» Ich hatte die Botschaft verstanden: Gefühle zeigen ist nicht unbedingt karriereförderlich.
Aber dieser Ausbruch blieb eine Episode, ohne grundsätzliche Folgen für mein Verhalten.
Ich war ja nach aussen immer der Erfolgreiche, der Chef meiner drei florierenden Unternehmen gewesen, immer damit beschäftigt, irgendwelche Erwartungen zu erfüllen, gefangen in der Illusion, alles im Griff zu haben, immer im Recht zu sein. Kurzum, ich hatte eine grosse Meisterschaft darin entwickelt mir selbst und den anderen etwas vorzuspielen, und mein geschäftlicher Erfolg gab mir auch noch recht!
Doch innen sah es ganz anders aus. Ich hatte keinen Zugang zu meinen Gefühlen, und in meiner Beziehung wich ich Situationen aus, wo ich hätte Gefühle zeigen müssen, haute ab. Bloss keine Schwäche zeigen. Immer stark und perfekt sein!

Und dann noch dies: Ich hatte immer das Gefühl, der Einzige zu sein, der unsicher ist und an sich zweifelt. Ich war allein mit meinen Ängsten. Ich glaubte felsenfest, die anderen wären gefeit gegen diesen Drachen. Das machte mich noch unsicherer.
Ach, diese Angst, entlarvt zu werden, den Panzer vor jemandem ablegen zu müssen!

Meine Ehe durfte um keinen Preis scheitern. Ich verkrampfte mich immer mehr und mehr. Ich durfte nicht hilflos sein, das ist unmännlich, nur Frauen dürfen schwach werden, aber doch kein Mann! – so hatte es uns vier Buben der Vater gelehrt. Eine tickende Zeitbombe trug ich da mit mir herum, mich selbst blockierend, hilflos gegenüber der eigenen Hilflosigkeit. So kam es, wie es kommen musste – meine Ehe zerbrach. Das Leben hat mich gnadenlos an die Wand geknallt. Die Maske war weggerissen.
Das war der Schlag, auf den ich gewartet hatte, insgeheim vielleicht sogar herbeigesehnt hatte.
Ich war von einem Moment zum anderen vor der Welt, vor meiner Welt des Sports und des Erfolgs, als Versager geoutet. So jedenfalls fühlte ich es in jenem schlimmen Moment, als ich mit bebendem Herzen vor meinen Eltern stand und es aussprechen musste: «Wir lassen uns scheiden.»
Durch die Trennung von meiner Frau war ich geoutet. Jeder, auch ich selbst, wusste nun, dass ich als Mann, Vater und Mensch versagt hatte.
Diese brennende Scham! Ich stürzte in ein abgrundtiefes Loch. Mein Leben war am Tiefpunkt, mein Selbstbewusstsein auf dem Nullpunkt angelangt, mit diesem vernichtenden Gefühl in der Brust, als Mann nicht zu genügen.
Wie komme ich heraus aus diesem Loch, in dem ich festsitze wie in einer Gletscherspalte, wie eingesaugt in einen Wasserstrudel, der mich unwiderstehlich in die Tiefe zieht, ins Verderben? Wie komme ich da heraus?
Nach vielen Wochen der Verzweiflung, der Wut, des Schmerzes, der Trauer und der Hilflosigkeit entdeckte ich in einem offenen Gesprächen mit einem Freund, dass ich mit meinen Problemen gar nicht so allein war. Noch heute höre ich seine Stimme: «Hör auf mit dem Jammern, schau nach vorn!»
Er öffnete sich mir, und dadurch wurde mir klar, dass viele Männer meine Angst und Hilflosigkeit teilten – und schon gar

nicht alles im Griff hatten. Wie gut das tat, es beruhigte mich zutiefst! Ich war nicht mehr allein in meinem Elend. Und gleichzeitig erwachte in mir eine ungekannte Neugier auf mich selbst. Und mit dieser Neugier kam da plötzlich, wie aus dem Nichts, diese Lust, die Nase frech über die bisherigen, selbstgezogenen Grenzen zu strecken.

Wofür brennt mein Herz?
Ich suchte unmittelbaren Kontakt zur Natur. Ich ging in den Wald und schrie meine Wut heraus in eine mit spitzen Steinen und blossen Händen gegrabene Grube, bedeckte sie dann wieder mit Erde und tanzte wild darauf herum, genau so, wie es die Indianer in meinen Büchern getan hatten. Tagelang streifte ich allein durch den Wald, suchte die Antwort auf die Frage, wie es jetzt weitergehen sollte. Warum sollte ich jetzt meinen Traum, die Welt zu erobern, aufgeben? Oft sass ich vor meinem Feuer und blickte in die Flammen, fragte mich: «Was will ich, wofür brennt mein Herz, wofür gehe ich in meinem Leben durchs Feuer? Wonach sehne ich mich?» Und in einem wunderbaren Moment der totalen Einsamkeit stieg ein Traumbild aus meiner Tiefe empor: zwei springende Delfine. Dies Bild entzündete mein Herz, und ich wusste, für diese Vision würde ich durchs Feuer gehen.
Die zwei springenden Delfine wurden zum Symbol meiner Vision!
Ich wusste nicht, was aus mir werden sollte, aber ich wusste in diesem Moment, dass ich wie ein Delfin springen würde, immer wieder auf die Bühne springen würde, mich zeigen würde, für mich einstehen würde in aller Verrücktheit, Verspieltheit, Leichtigkeit, Spielfreude. In diesem Moment wusste ich, wie ich zukünftig leben wollte, und war glücklich, weil ich spürte, dass ich meine Fesseln sprengen würde. Ich würde den Fuss von der Bremse nehmen, bereit, die Welt zu erobern. Ich wusste von einem Augenblick zum anderen, «dass etwas kommt».

Dann war der Moment vorbei, aber das Symbol der zwei springenden Delfine blieb bei mir.
Meine Neugier trieb mich weiter – und dann kam mir das Schicksal zu Hilfe in Gestalt einer Freundin, die mir den entscheidenden Hinweis auf Häuptling Thunder Strikes und den Sonnentanz gab, den grosse Tanz der Prüfung der eigenen Vision.
Immer wieder gehen mir, während Häuptling Thunder Strikes zu uns spricht, die Bilder meines Scheiterns durch den Kopf und immer wieder die Frage: «Überlebe ich das?»
Und doch ist mir alles auch vertraut, als ob die Indianergeschichten, die mich schon als Bub in ihren Bann gezogen hatten, sich vor meinen Augen in Wirklichkeit verwandelt hätten. Und ich bin plötzlich mitten drin in dieser Wirklichkeit.
Ich werde wie ein Krieger tanzen! Und der Häuptling spricht zu mir, zu uns allen im Kreis. Ich sehe ihn noch vor mir im Kreis sitzen: glänzend blauschwarzes Haar, das über die Schultern den Rücken hinunterfliesst, rahmt das ernst gefurchte Gesicht. Seine aufrechte Haltung und die sparsame, ausdrucksstarke Gestik vereinigen Demut und Stolz zu einer Ehrfurcht gebietenden Ausstrahlung.
«Es kommt jetzt alles darauf an, dass ihr auf dem indianischen Weg des Sonnentanzes auf eine Bewusstseinsstufe gelangt, wo ihr euch keine Gedanken mehr macht, keine Energie darauf verschwendet, wie es für euch ausgeht, keine Erwartungen mehr habt und ohne Anerkennung einfach nur tut, was ihr tut. Raus aus dem Kopf, rein in den Körper. Bei diesem Tanz geht ihr durch die Hölle, ein Tanz auf der Rasierklinge. Ihr kommt immer wieder an eure Grenzen, da liegt die Chance zu wachsen. Denn die grosse Herausforderung im Leben liegt darin, die Grenzen in dir zu überwinden. In den nächsten zehn Jahren geht es um Quickening, um Drive, um Speed. Es geht darum, schneller zu lernen, beweglich werden, den schnellen Gedanken folgen, die die Lösung bringen. Du musst wach werden für

dein Ja, merken, wo deine Lust ist und dein Feuer. Zweifel machen langsam und faul. Just do it. Auf das Schwierige zugehen und handeln ohne Angst vor Fehlern. Schnelles Lernen geht nur über Fehler! Ohne unerschütterliche Absicht geschieht nichts. Das Schicksal: Himmel oder Hölle hängen von eurer Entscheidung ab, die ihr in jedem Augenblick trefft. Allein durch die Entscheidung könnt ihr aus dem, was ihr seid, das machen, was ihr sein wollt. Nur durch Tun könnt ihr eure Möglichkeiten zum Leben erwecken. Es bleibt keine Zeit mehr.»

Morgen werde ich also bei Sonnenaufgang beginnen und drei Tage lang für meine Vision tanzen. Ich will mich aus meinem Loch heraustanzen!

Der heisse Tanz

Am nächsten Tag versammeln wir uns vor dem Arbor, dem kreisförmigen Tanzplatz.

Ich schaue in lauter freudig gespannte Gesichter. Es ist gut, nicht allein hier zu sein. Die Sonne, Grossvater Sonne, brennt vom Himmel herab auf uns Tänzer. Dann beginnt das Ritual. Indianische Trommeln und Gesänge begleiten unseren Einzug. Ich trage, wie alle anderen Tänzer und Tänzerinnen auch, einen Frauenrock mit Fransen. Über der Schulter trage ich eine wunderschöne indianische Decke, an meinem Oberteil sind Bänder in vier verschiedenen Farben angebracht als Symbol für die unterschiedlichen Hautfarben der Menschheit. Im Haar ist meine Adlerfeder befestigt, und um den Hals trage ich meine Pfeife an einem Band und meinen persönlichen Medizinbeutel. Diesen Medizinbeutel hatte ich während der Vorbereitung unter der Anleitung von Häuptling Thunder Strikes hergestellt. Ich hatte mir in den Finger geschnitten und Blut wie auch Sperma Fingernägel, Zehennägel, Speichel, Haare alles Essenzen von mir in diesen Kraft- und Schutzbeutel gelegt, den ich nun um den Hals trage und der mir Schutz und Vertrauen gibt,

dass mir das Leben nur so viel zumutet, wie ich meistern kann! Die Vision, die beiden springenden Delfine, habe ich schon in der Schweiz auf einen Lederschild gemalt, ich hänge es links am Eingang zu meinem eigenen Raum, dem Träumer-Arbor, auf. Von diesem Ort aus werde ich immer wieder zum zentralen Lebensbaum in der Mitte des grossen Tanzplatzes tanzen, vor und zurück, ohne mich beim Zurücktanzen umzudrehen. Stunde um Stunde, drei Nächte und drei Tage lang unter den sengenden Strahlen von Grossvater Sonne.
Mein erster Sonnentanztag ist also gekommen.

Ohne genau zu wissen, wie das geht, tanze ich los: vor zum Lebensbaum und wieder zurück zu meinem Visionsschild, immer die Adlerpfeife im Mund. Ich tanze wie ein Verrückter, bereit, alles zu geben, um meinen grossen Traum zu verwirklichen. Beim Lebensbaum formuliere ich jedes Mal, wofür ich tanze, meine Vision. Die Sonne brennt immer noch gnadenlos vom Himmel. Nach einer Stunde der Gedanke: «Schaffe ich die vor mir liegenden 71 Stunden ohne Essen und Trinken?» Auf Essen zu verzichten, das ginge ja noch. Aber kein Wasser, wie soll ich das schaffen? Diese Hitze! Diese Hitze!
Da erinnere ich mich an mein Gespräch mit der Medizinfrau am Tag zuvor, ob ich mich für Trockenfasten entscheiden sollte oder lieber nicht. Ich hatte auf eine erleichternde Antwort gehofft, doch ich hatte mich getäuscht: «Entscheide nicht als ‹kleiner Ruedi›, der etwas macht für Anerkennung. Lass all die Babysachen los, dieser Tanz ist allein für dich, den Erwachsenen. Entscheide als erwachsener Ruedi, aus der Position der Stärke und Entschlossenheit, höre auf dein Herz! Erlebe die Power eines klaren Fokus. Entscheide dich immer wieder bewusst, weiterzugehen. Lass dich voll darauf ein und erfahre, wie weit dich deine Vision trägt, ob du aus ihr genügend Kraft schöpfst! Geh durch diesen Prozess und lass alles los! Kein Wettbewerb! Bis du am Schluss nur noch mit dem verbunden bist, was du

wirklich willst in deinem Leben. Wenn du die richtige Vision gefunden hast für dich, hast du unendlich viel Kraft. Geh für Grösseres, es ist eine riesige Chance für dich, einen grossen Schritt vorwärts zu machen, sodass eintrifft, wofür du tanzt. Ohne Ehrgeiz!»
In diesem Augenblick wurde mir voll bewusst, wie sehr ich all die Jahre nur aus Ehrgeiz gehandelt hatte, getrieben vom Bedürfnis nach Anerkennung durch andere. Jetzt hörte ich die Stimme meines Herzens klar und deutlich, und ich wusste in diesem Moment aus der Position von Stärke und Entschlossenheit heraus, dass ich erwachsen war und diese «alten Babysachen» endgültig hinter mir lassen würde. Ich entschied mich für das Trockenfasten.

Sei ehrlich!
Und in diesem Moment des Zweifels, der mich nach dem ersten euphorischen Tanzerlebnis überkam: «Überlebe ich das?», spüre ich durch die Erinnerung an meinen festen Entschluss ein grosses Vertrauen, das mich mein Medizinbeutel gelehrt hatte, dass mir das Leben nur so viel zumutet, wie ich meistern kann. Ich kann mich wieder auf meine Vision konzentrieren und tanze weiter. Nun ertappe ich mich bei dem Gedanken: «Sieht das gut aus, wie ich tanze?» Ich schiele auch immer wieder zu den anderen Tänzern, wie die das machen, und bin beeindruckt von ihrem Tanzstil und ihrer Energie. – Shit! Das kommt mir alles so vertraut vor! Kenne ich doch alles! Ich bin doch hier, um das alles über Bord zu werfen, mich nicht mehr stets mit anderen zu vergleichen, mir Gedanken zu machen, was die andern wohl denken, ob ich gut genug bin ... Aber wie? Einfach weitertanzen?
Ich beschliesse, zur Grossen Mutter zu gehen, um dort eine Pfeife zu rauchen und mir Rat und Unterstützung zu holen. Über den Tabakrauch nehme ich Kontakt auf zum Grossen Geist. Ich rauche und warte auf eine Antwort. Funktioniert dieser Kontakt

so einfach? Plötzlich höre ich eine Stimme: «Sei ehrlich und stehe zu dir!»
Ja, aber wie? Woher nehme ich die Kraft?
Ich stopfe die Pfeife nach mit dem heiligen Tabak und sende mein Gebet in den Himmel. Ich geniesse dieses Gefühl, hier zu sitzen und verbunden zu sein mit etwas Höherem... Plötzlich ist die Antwort da: «Vertraue einfach und mache es!» Vollgetankt mit Energie, verschmelze ich mit dem Sonnenuntergang und tanze bis tief in die Nacht hinein. Mir ist egal, was links und rechts von mir geschieht, ich lasse meiner Kraft freien Lauf. Ich fühle mich wie aufgelöst. Einfach herrlich! Die langsame Abkühlung durch das Eindunkeln ist mir egal, ich bin in Trance. Zurückgeholt werde ich durch das abrupte Ende der Trommelmusik – Zeit, mich hinzulegen und zu träumen. Ich bin todmüde und spüre plötzlich meine schweren Beine, und mein durch die vielen Operationen mehr zerstörtes als geheiltes Knie, meine Kreuzbandplastik, schmerzt. Doch die Müdigkeit, aber auch die Zufriedenheit sind so gross, dass ich schlagartig einschlafe. Mein einziger Zeuge ist der Vollmond, der schwer am Himmel hängt.

Punkt 6 Uhr wecken mich die indianischen Trommeln. Sonnenaufgang! Weitertanzen ist angesagt, und ich tanze den ganzen Vormittag, ohne auf mein schmerzendes Knie zu achten, nach wenigen Tanzbahnen gibt es keine Schmerzen mehr.
Doch am Nachmittag brennt die Sonne unerbittlich auf meinen Schädel, mein Körper dampft. Wo finde ich Schatten? Es gibt keinen Schatten. Mich eingraben wäre eine Idee... Und wieder toben die Panikgedanken durch mein überhitztes Hirn. Ich habe Angst vor einem Kreislaufkollaps. Ich bin rotgebrannt von Grossvater Sonne, dem ich ohne Schutz ausgesetzt bin, weitab von jeglicher Zivilisation, hier herrschen ganz andere Gesetze, nämlich die Gesetze des puren Überlebens. «Wie und wo kann ich Kräfte sparen?» Ich musse mich kurz hinsetzen,

um nicht zu kollabieren. In diesem Moment gibt mein Verstand die Kontrolle auf.

An der Grenze zum Tod zu sein, das weckt meinen Überlebenswillen, diese besondere Kraftreserve, über die wir alle verfügen, wenn es scheinbar nicht mehr geht. Alles Unwichtige ist weg, und plötzlich spüre ich die Kraft meiner Vision in mir aufsteigen: Wo ist mein Ja zum Weitergehen? Ich will raus aus diesem Loch. Ja! Deswegen bin ich hier. Nur dafür mache ich das alles. Dieser Gedanke, diese Verbindung zu meiner Vision, dieses «Dahin will ich!», wecken meine Sehnsucht und geben mir unglaubliche Kraft. Mein Körper sagt Nein, aber mit der wiedergewonnenen Absicht im Herzen tanze ich weiter. Beim Übergang vom Rückwärts- zum Vorwärtstanzen werfe ich jeweils einen Blick auf meinen Schild, meine springenden Delfine. So weiss ich mit einem Blick, wofür ich das hier mache: «Vertraue einfach und tu's!» Ich gebe mich ganz dem Tanz hin und spüre, wie sich eine neue Quelle von Energie auftut in mir.

Gegen Abend vor dem Eindunkeln gehe ich aufs WC. Ich habe mich langsam gelöst von diesem quälenden Gedanken, trinken zu müssen. Und plötzlich nehme ich wahr, mit unglaublich geschärften Sinnen, was ich noch nie zuvor bemerkt habe: Die Bäume haben eine gewisse Feuchtigkeit gespeichert, die sie jetzt in der Abenddämmerung an die Luft abgeben. Ich nehme ein paar tiefe, ganz langsame Atemzüge und sauge diese Feuchtigkeit in mich auf. Ich fühle mich genährt, verbunden und gestärkt. Was für eine Erfahrung! Ich bin so glücklich wie nie zuvor!

Be crazy! – Mach es!
Zurück an meinem Traumplatz im Arbor sehe ich meine Tanznachbarin am Boden sitzen und rauchen. Sie sah mich kommen und streckt mir ihre indianische Zigarette hin. Ohne viel zu überlegen, setze ich mich zu ihr und rauche ihre Zigarette zu Ende, meine erste Zigarette! Was für ein Genuss!

Wir sprechen nicht. Wir sind durchströmt von einer, so empfand ich es, feinen, nichts fordernden erotischen Schwingung. Ich nehme ihre bronzene Haut wahr, den unbestimmten Duft, der von ihren wilden, dunkelbraunen Locken zu kommen scheint. Eine Mexikanerin, denke ich und bemerke, wie sie mich ebenfalls mit einem leichten Lächeln in den Augen betrachtet. Ich schwebe neben ihr wie in Meditation, habe gar keine Lust weiterzutanzen und gönne mir noch eine zweite Zigarette. Immer wieder fallen mir die Augen zu. Wie soll ich jetzt wieder aufstehen? Die Versuchung, sitzen zu bleiben! Aha, da sind Stimmen in mir, die wollen, dass ich es mir gut gehen lasse, dass ich hier sitzen bleibe, dass ich nicht weitertanze. Wir meinen es nur gut mit dir. Von wegen! Eine Tracht Prügel verdient ihr! Schliesslich bin ich nicht hier, damit es mir gut geht, sondern um Klarheit zu finden. Ich will hier meine Vision wachtanzen und nichts anderes, verstanden! Nachdem ich meine inneren Stimmen entlarvt habe, ist die Zeit reif, beim Grossen Vater die Pfeife zu rauchen: «Sei konsequent auf deinem Weg!», das ist die Botschaft, die ich dort erhalte.

Ich bin jetzt bereit, alles zu tun, um meine Vision nicht aus den Augen zu verlieren, um meine «Absicht» zu stärken. Ich tanze ekstatisch bis tief in die Nacht. Dabei beginne ich, mit meinen Grenzen zu spielen. Sobald Gedanken aufkommen wie: «Ich kann nicht mehr, ich mach mal eine Pause, ich bin müde», spüre ich sofort, wie ich Kraft verliere, die Beine werden schwer, und ich bin immer wieder drauf und dran, nachzugeben. An diesem Punkt halte ich dagegen, ich spüre, wie aus einer ganz eigenen Quelle eine Lust aufkommt, mich an diesem Schwachpunkt zu bekämpfen, zu besiegen und weiterzgehen. Es entsteht eine Lust an der Lust und daraus ein kraftvolles Ja zum Weitergehen. Ich entdecke den Zugang zu meiner Verrücktheit, weiss mit einem Mal, wie ich «crazy» sein kann, wie ich mich selbst anfeuern, mir selbst Wind in die Segel blasen kann.

Als die Trommeln um zwei Uhr in der Nacht schweigen, bin ich hellwach. Ich liege in meinem Arbor und träume mit offenen Augen. Ich träume einen Kriegertraum: Ich reite auf einem wilden Mustang, ziehe einfach los in die weite Prärie. Ich höre mich schreien und spüre, wie das Pferd unter mir Feuer fängt und mich immer schneller dem Horizont entgegenträgt, der vom Sonnenuntergang in Flammen stand.
Mit diesem Traumbild im Herzen muss ich irgendwann eingeschlafen sein. Ich wache auf ohne Hunger, ohne Durst und tanze, ohne zu überlegen, in den dritten Tag. Mir ist, als könnte ich jetzt einfach immer weitertanzen. Nicht ich tanze, meine Vision tanzt mich. Die Delfine springen!
Gegen Ende des dritten Tanztags ist es mir wichtig, noch einmal bei der Grossen Mutter die Pfeife zu rauchen. Dort bete ich für Unterstützung und Kraft für all das, was jetzt im Leben auf mich wartet. Ihre Antwort kommt: «Ein kleiner Tipp auf den Weg: Be crazy! – Sei verrückt!»
Ja, leicht gesagt, aber wie soll ich es umsetzen? Mein Leben hat mich doch zu einem Braven gemacht. So stopfe ich noch einmal Tabak in den Pfeifenkopf, zünde an, ziehe genüsslich an der Pfeife, lasse den Rauch mit meiner Frage aufsteigen, lausche auf die Stimmen, die sich in mir regen, und bald kommt die Antwort: «Just be it, just do it! – Sei es einfach, tu es!» Ich verstehe, wie vom Blitz getroffen: Ja, ich bins!
Ich habe überlebt – und mit mir meine Vision.
Bevor wir den Arbor verlassen können, gibt es noch eine Wasserzeremonie für die Trockenfaster. Erstaunlicherweise habe ich keinen Durst, keine Lust, kein Bedürfnis zu trinken. Es ist ein wunderschönes, souveränes Gefühl: Ich brauchs nicht. Als ich mein erstes Glas Wasser zum Munde führe und leicht mit der Zunge hineintippe, schmeckt es widerlich, ich spucke es aus. «Ich brauch das nicht!»
Mein erster Kontakt mit Flüssigkeit kommt erst Stunden später, beim riesigen Früchtebuffett. Ich esse Frucht auf Frucht – und

bekomme sofort heftigen Durchfall. Ich fühle mich durchgeputzt und gereinigt.

Ganz zum Schluss, bevor wir den Arbor definitiv verlassen, erleben wir eine Heilungszeremonie bei der Medizinfrau. Durch die drei Tage Sonnentanz hat sich eine ungeheure Energie am und um den Lebensbaum aufgebaut, die für die Heilung körperlicher Leiden genutzt wird.

Ich hatte gegen Ende meiner Fussballkarriere dieses schmerzende Knie, geschädigt durch verschiedene Operationen, wegen des Knies muss ich auch vorzeitig mit dem Profifussball aufhören. Beim Sonnentanz habe ich es drei Tage lang voll belastet. Und nun bemerke ich das Wunder: Das Knie ist geheilt. Ich kann es nicht fassen, aber es ist so – bis heute: schmerzfrei, voll beweglich!

Wie ich mich jetzt fühle, nach dem intensiven Ritual? Unglaublich leicht und kraftvoll, durchdrungen von einer frechen Lust auf Neues!

Kapitel 3

Auf dem Weg der kleinen Siege

Ich hatte schon immer ein Faible für fernöstliche Kampfsportarten. Als ich mich in der Szene umsah, kam ich auch in Kontakt mit Yoga und war fasziniert von der Beweglichkeit und der Geschmeidigkeit der Körper. Ich hatte gehört vom «Abheben im Yogisitz» und von Erleuchtung. Das waren doch mal Ziele, die meinen Ehrgeiz reizten! Ich wollte nach dem Sonnentanz nicht gleich wieder ins nüchterne Geschäfts- und Erfolgsleben zurück. Also hinein in die neue Herausforderung, ins Yoga!

Das grosse Missverständnis
Als ich zum ersten Mal den Übungsraum des Yogacenters betrat, tauchte ich unvermittelt ein in den Duft von Räucherstäbchen und die sanften Klängen der indischen Sitar, und sofort war ich in einer neuen, mir bisher völlig unbekannten Welt angekommen. Wunderbar! Die Session begann mit Singen. Da standen wir konzentriert in der Gebetshaltung und sangen indische Mantras! Irgendwie war mir das peinlich, aber mein Herz jubelte – das neue Abenteuer begann!

In dieser bunt zusammengewürfelten Gruppe von Tänzern, Schauspielerinnen, Musikern, Managerinnen, Anwälten, Studenten und Hausfrauen fühlte ich mich als ehemaliger Profifussballer mit all den Gebrechen und Spuren vergangener Fussballschlachten schon ein bisschen als Exot in einer mir fremden Sportart. Ungelenk kam ich mir vor, verspannt und hart wie ein Brett. Aber das spornte mich eher an, mich und meinen Köper der neuen Herausforderung zu stellen. «In Konkurrenz mit anderen stehen», so empfand ich es, so kannte ich das aus meinem bisherigen Leben, und so machte mir Yoga Spass.

Ein grosses Missverständnis, wie sich später herausstellen sollte, mit schmerzhaften Folgen für meinen armen Körper. Aber der Reihe nach! Zunächst lief alles wunderbar.
Zufällig war ich in der Schule des Asthanga-Yoga gelandet. Diese Form des Yoga ist verbunden mit einer hohen körperlichen Belastung. Da wird bis zu zwei Stunden lang von einer Yogastellung in die nächste gewechselt, verbunden durch Sprünge und Liegestützen. Am Ende war ich wie alle anderen auch schweissgebadet. «Von der Stirne heiss rinnen muss der Schweiss» – so war es! Dann entspannt in «Totenstellung» am Boden liegen: welch ein Gefühl! Das Faszinierende: Ich fühlte mich trotz der extremen Anstrengung nicht schwer, sondern leicht und voller Energie. Ein Gefühl von fliegender Leichtigkeit, kurz vor dem Abheben! Kurz vor der Erleuchtung!
Nun ja, ich blieb am Boden.
Bald aber hatte ich den Bogen raus, wie ich die Bewegungsabfolge der einzelnen Yogastellungen in Fluss bringen konnte. Gemeinsam in einem Rhythmus und immer auch ein wenig im Wettstreit mit den anderen Yoginis und Yogis kam ich zum ersten Mal wirklich in Kontakt mit meinem Atem. In gewisser Weise war es aber manchmal auch eine erotisierende Situation, in der ich abgelenkt wurde von meinem Bemühen, dranzubleiben an der Aufgabe. All die leicht bekleideten Frauen, die raubkatzenhaft in Stellung gingen, und ab und zu ein leises Stöhnen. Da schweiften die Gedanken schon einmal ab, und aus dem Augenwinkel beobachtend mass ich mich, ging ich in Konkurrenz zu den Männern und wollte den Frauen mit meiner Beweglichkeit imponieren. Hatte ich denn nichts gelernt aus dem Sonnentanz?
Mein Körper wurde immer flexibler, geschmeidiger. Mich überkam eine kritiklose Begeisterung für Yoga, es gab nur noch Yoga für mich. Wie so oft war ich einem Ideal nachgejagt: Im Yogisitz abheben oder die Erleuchtung erreichen, und ich liess mich vom Imponiergehabe unseres Yogalehrers anstecken, der

immer wieder Präsenz markierte mit schwerelos wirkenden Zirkuskunststücken.
Jeden Tag machte ich frühmorgens zwei Stunden Yoga. Ich wurde süchtig nach diesem Gefühl, bis an die Grenze zu gehen. Ich war high von meiner eigenen Lebensenergie! Wenn eine Stellung nicht gleich gelang, dann arbeitete ich hart an der Ausdehnung meiner Grenzen, ohne hinzuspüren, ohne auf Warnsignale zu achten, denn mein Ehrgeiz hatte wieder einmal, ohne dass ich es bemerkte, die Führung übernommen. Bald stand ich da als leuchtendes Beispiel für die anderen da. Ich fühlte mich bestätigt, stark und unverwundbar.
Bis ich eines Morgens vor lauter Rückenschmerzen meine Unterhose nicht mehr allein anziehen konnte. Es ging nichts mehr. Da konnte ich atmen, soviel ich wollte.
Was sollte das?
Zunächst dachte ich, ich sei in eine Fortschrittskrise geraten. Doch die Schmerzen im Rücken wurden immer schlimmer. War Yoga überhaupt der richtige Weg für mich? Ich fragte mich, was mir dieser Schmerz sagen wollte. Zunächst einmal sagte er mir: «Du machst jetzt Pause, Ruedi.»
Während dieser mehrmonatigen Zwangspause, in der ich mehr durch mein Leben kroch als ging, hatte ich viel Zeit, um nachzudenken und mir ein paar gute Fragen zu stellen, auf die ich keine Antwort bekam. Ich war verzweifelt und hätte oft vor Schmerzen schreien mögen. Es konnte nicht mehr schlimmer werden.

Yamato oder der Weg zum Erfolg
Mein Wunsch, in irgendeiner Form mit Yoga verbunden zu bleiben, führte mich zu Yamato, einem alten, japanischen Meditations- und Karatemeister, der Yogameditation lehrte.
Dort ging mir dann ein Licht auf.
Schon während ich ihm von meinen Rückenschmerzen erzählte, von meiner Vision der beiden springenden Delfine und von

meinen Erfolgen und meiner Begeisterung für Yoga, schaute er mir sichtlich belustigt zu, wie ich mich abmühte, mein Scheitern zu verstehen. Irgendwie war ich sauer, dass er mein Leid offenbar nicht ganz ernst nahm. Aber er lächelte mir immer wieder ermunternd zu, weiterzuerzählen, bis ich nach einer Weile von selbst verstummte, weil unter seinem gnadenlos heiteren Blick mein Rückenschmerz eine ganz einfache Funktion bekam: Er hatte die Aufgabe, mich zu wecken. Und hier in der Gegenwart dieses kleinen, verschmitzten Japaners mit den unzähligen Lachfältchen um die Augen wachte ich auf. Mir war mit einem Mal klar: Endgültig hatte mich mein Dämon, mein Ehrgeiz, aufs Glatteis geführt und mich aufs Kreuz gelegt. Yamato kommentierte mein Schweigen, als hätte er meinen Gedanken zugehört, nach einer Weile mit einer kleinen Ansprache. Dabei bedeutete er mir, ich sollte mich mit einem Atemzug aufrichten und die Schultern sinken lassen, dabei sollte ich mir vorstellen, eine goldene Schnur, die bis in den Himmel hinaufreichte, sei an meinem Scheitel befestigt und von ihr sei ich nun so aufrecht gehalten.

«Ihr hier im Westen hängt alle ganz diffusen, illusorischen Wünschen nach, ihr träumt, ihr macht immer, ohne etwas zu tun. Immer auf der Suche im Aussen und verrennt euch dabei. Dein Schmerz zeigt dir: So nicht!

Das Leben hat dich gelehrt, zu kämpfen, zu beissen, zu rennen, du willst zwar, immer willst du, aber es ist wie ein Rennen gegen die Wand, du kommst einfach nicht weiter. Du bist nicht bereit!»

Ich fragte sofort: «Bereit wofür?»

«Für den Erfolg! Du bist nicht bereit, deine Vision erfolgreich umzusetzen! Bevor du im Aussen Erfolg haben kannst, musst du deinen eigenen Durchbruch schaffen. Deine Chance kommt. Dann musst du bereit sein, sie zu packen!»

«Wie meinst du das?»

«Dir fehlt das Fundament, du hast ein Brett vor dem Kopf, ein

Brett voller Widerstände, die dich klein halten. Das Leben hat dich weit gebracht, aber es hat dich auch an den Punkt dieses höllischen Schmerzes gebracht. An den Punkt von Verzweiflung, Ratlosigkeit und Ohnmacht. Dir fehlt nicht nur die innere Ruhe, die Gelassenheit, sondern auch die innere Sicherheit, das Vertrauen in dich selbst! Du hast zwar schon grossartige Erfolge erlebt, doch das Leben hat dich klein gehalten, dein Inneres, deine Seele, dein Herz schreit nach Lebendigkeit, nach Vertrauen, nach Leichtigkeit. Du fährst mit angezogener Handbremse, und deswegen glaubst du, dass du dich anstrengen musst, um gut zu sein, um besser als die anderen zu sein. Immer hast das Endziel vor Augen, da willst du hin. Aber darum geht es nicht. Konzentriere dich auf das, was dich zum Ziel führt.
Fokussiere deinen Geist auf das, was dich stark macht, auf das, was dich unterstützt, was dich in die Ruhe führt und so in die Kraft bringt, denn in der Ruhe liegt tatsächlich die Kraft: Fokussiere deinen Geist auf den eigenen Atem.»
Er schwieg und senkte den Blick. Und ich spürte, dass er genau das tat: Er konzentrierte sich ganz auf den eigenen Atem. Eine Stille breitete sich im Raum aus, wie ich sie nie zuvor in meinem Leben gespürt hatte. Diese Stille senkte sich in mein Herz, und von dort aus spürte ich zum ersten Mal, dass nicht ich atmete, sondern dass der Atem mich atmete.
Ich musste eingeschlafen sein. Denn ich erwachte auf dem Rücken liegend und schaute in die tiefen Augen des Meisters, der sich über mich beugte. Er sagte: «Du weisst nun, was es heisst, auf den eigenen Atem zu achten. Jetzt musst du nur noch lernen, wach zu bleiben, ohne dich ablenken zu lassen.»

In der Ruhe liegt die Kraft
Ich blieb bei Yamato und sass stunden- und tagelang im Lotussitz und versuchte, mich auf den eigenen Atem zu konzentrieren.

Doch wie war das schwer! In meinem Kopf begann es nach den ersten Minuten zu plappern und zu rasen wie auf einer siebenspurigen Autobahn in der Rushhour. Ein wildes Durcheinander von Fragen, Gegenfragen, Einwänden, Ängsten und Wünschen.
«Schluss jetzt!», schrie ich innerlich dagegen an. Das verstärkte aber nur den Gegenverkehr auf der Geisterbahn meines Verstandes. Bald war ich dem Wahnsinn nahe. Der plappernde Affe in mir war durch Befehle nicht zum Schweigen zu bringen.
Diese Ungeduld! Ich wollte, ja, ich wollte unbedingt gleich in den erleuchteten Zustand kommen. Diese Konfrontation mit meiner Ungeduld, meinem Erfolgsmuster: Wenn etwas nicht gleich gelingt, muss ich noch härter arbeiten.
Bis ich dahinter kam, dass ich nur eine Chance hatte, wenn ich einfach weiteratmete, absichtslos und ruhig. Nun begannen meine Muskeln zu toben gegen das stille Sitzen. Mein Rücken schmerzte gnadenlos. Bis ich verstand, dass ich in den Schmerz hineinatmen konnte, in die Unruhe hineinatmen konnte.
Und als ich dann mal so ganz klar und wach dasass, kam die Fliege und setzte sich ausgerechnet auf meinen Nasenspitz. Wie das kitzelte!
Was soll das? Warum gerade jetzt, kurz vor der «Erleuchtung»? Und wieder jagten Tausende von Gedanken durch meinen Kopf. Dabei verlor ich meinen Fokus auf die Atmung, und meine Gedanken waren ganz bei der Fliege respektive dabei, wie ich sie loswerde. Es stresste mich sehr, dass ich mich von einer kleinen Fliege ablenken, aus der Ruhe bringen liess. Ich versuchte, wieder zurückzukommen zur Atmung und das Kitzeln auf der Nase anzunehmen, doch es war nicht auszuhalten. Die Fliege kam immer von Neuem und setzte sich immer wieder auf meine markante und so empfindliche Nase. Scheisse, soll ich sie totschlagen? Das wäre ja Kampf pur! Warum mache ich das nicht? Wovor habe ich denn eigentlich Angst? Was denken die anderen über mich? Warum so ernst-

haft, so verkrampft, es geht ja hier nur um mich, abgesehen davon, gilt es ja nichts zu erreichen, ausser den Moment zu geniessen, Spass zu haben – und den hatte die Fliege zweifellos mit mir. Bei diesem Gedanken musste ich schmunzeln. Irgendwie musste sie meine Gedankengänge, verbunden mit meinem inneren Lächeln, gespürt haben, denn plötzlich war sie nicht mehr da!

Zum Glück für mich, das zeigte mir die Fliege, gab es hier mit Kampf, mit der Brechstange nichts zu erreichen. So lernte ich langsam, sehr langsam, nicht mehr mit meinen Gedanken zu kämpfen, mich nicht gegen sie aufzulehnen und sie so mit Energie zu versorgen, sondern sie anzunehmen, um sie gleich im selben Atemzug loszulassen, ziehen zu lassen, wie wenn ein sanfter Windstoss durch den Kopf geht. Immer konzentriert auf den Atem. Das brachte mich ins Hier und Jetzt. Mein Vertrauen in die Kraft des Atems wuchs, und immer leichter fiel es mir, alles Störende mit dem Ausatmen gehen zu lassen. Die Rückenschmerzen waren verschwunden.

Das Brett der grossen Herausforderung
Eines Morgens spürte ich, wie sich eine Hand auf meine rechte Schulter legte. Ich wusste, es war Yamatos Hand. Ich atmete aus und schaute zu ihm auf.
«Komm!», sagte er leise, «Ich zeige dir jetzt, wie der Atem jeden Widerstand bricht.»
Er ging voraus, und ich stand auf und folgte ihm. Wir gingen in einen leeren, ganz weissen Raum. In der Mitte des Raumes lag am Boden ein Holzbrett, ich schätzte es auf 30 mal 30 Zentimeter, es war rund drei Zentimeter dick. In einer Ecke lagen zwei Paar Boxhandschuhe.
Er stellte sich so, dass das Brett zwischen ihm und mir lag.
«Dies ist das Spiel des Augenblicks», sagte er. «Jetzt zeige ich dir, wie du deinen Durchbruch schaffst, den letzten und wich-

tigsten Schritt, wie du das Brett vor deinem Kopf, all deine Widerstände ein für allemal durchschlägst!»
Ich war hellhörig, ganz gespannt und fasziniert. Yamato nahm das Brett vom Boden auf, hielt es mir mit beiden Händen in Brusthöhe entgegen und schaute mir dabei in die Augen.
«Das ist ‹das Brett der grossen Herausforderung›. Du wirst es mit deiner blossen Hand durchlagen», sagte er. «Aber es wird nicht deine Kraft sein, die es vollbringt, sondern dein Gefühl, dein Vertrauen, deine Entschlossenheit.»

«Aber das geht doch gar nicht», schoss es mir durch den Kopf, und laut fragte ich: «Und wie soll das gehen?» Ich hatte wieder diese Angst, es nicht zu schaffen.
«Du hast jetzt gelernt, deinen Geist auf den Atem zu fokussieren. Und jetzt wirst du lernen, entschlossen zu handeln. Wenn du ein Sieger sein willst, dann musst du auch wie ein Sieger denken, wie ein Sieger auftreten. Das Holz steht für das wichtigste Spiel in deinem Leben.»
Er lehnte das Brett an die Wand rechts und holte die Boxhandschuhe, zog selbst ein Paar an und bedeutete mir, dasselbe zu tun.
«Jetzt boxen wir.»
Ich ging automatisch in Verteidigungsstellung. Wir boxten, und ich wich immer weiter zurück. Er drängte mich in die Ecke.
«Du stehst auf der Bremse, wie im Leben, nur verteidigen, abwarten. Du bist im Ring, um nicht zu verlieren. Du hast Schlaghemmungen!»
Ich wusste nur zu gut, wovon er sprach.
Völlig unerwartet forderte er mich auf, mit ihm in den nahegelegenen Wald zu gehen. Wir begannen leicht zu joggen durch das hügelige Gelände, quer durch den Wald. Wir kamen an eine Weggabelung, von wo der eine Weg ziemlich steil nach unten führte.
«Lauf in deinem Tempo den Weg nach unten.»

Ohne grosse Anstrengung schaffte ich das. Als ich wieder bei ihm angekommen war, sagte er: «Warum lässt du es nicht laufen? Wie beim Boxen, du hältst alles zurück. Du bist mit angezogener Handbremse unterwegs! Das kostet dich unglaublich viel Energie, für nichts! Noch mal! Und lass es laufen!»
Ich flog förmlich den Weg runter, breitete meine Arme aus und genoss das Tempo!
«So ist es im Leben, lass es laufen, es macht mehr Spass den Döschwo einfach laufen zu lassen, Gas zu geben, als mit dem Ferrari ständig auf der Bremse zu stehen!»
Ich hatte verstanden. Wir kehrten um und gingen wieder in den Raum, wo das Holz auf mich wartete. Dort gab er mir wieder die Boxhandschuhe.
«Round two! Denke nach vorn, lass es laufen, atme! Nicht abwarten! Geh nach vorn! Immer!»
Ich war wie befreit, ich atmete, ich schlug beherzt zu, ging wieder in Deckung, fühlte mich kraftvoll, es machte Spass, anzugreifen.
Ich hatte verstanden: Das Geheimnis des Siegers ist die permanente Bewegung nach vorn. «Ich gehe in den Ring, um zu gewinnen. Und heute, um das Brett zu durchschlagen.» Ich spürte meine Entschlossenheit.
«Jetzt weisst du, wie ein Sieger denkt. Und jetzt zeige ich dir, wie sich ein Sieger verhält, wie er den Körper sprechen lässt. Wie er von einem Moment auf den anderen ein unerschütterliches Selbstvertrauen kreieren kann.»

Atmen – der goldene Schlüssel

Mir war sofort klar, als sich seine Körpersprache sah, wie ich aufzutreten hatte: positiv, kraftvoll zielgerichtet, unumstösslich entschlossen. Die Beine im Boden verankert, standfest, die Brust nach aussen gerichtet, die Schultern nach hinten, entspannen, den Kopf nahtlos verbunden mit dem ganzen Körper, den Blick fokussiert. In seinen Augen sah man die ultimative

Absicht. Er war sich seiner Kraft sehr sicher, ganz bestimmt, aber locker, unverkrampft.
Ich versuchte, ihn zu kopieren, und stellte mich hin wie er.
«Nicht wie ein Kartoffelsack! Hier darfst du mit der Körpersprache nachhelfen. Stell dich hin, als ob du schon jetzt unüberwindbar bist, beeindrucke dich selbst und zeige deine Stärke, dein Selbstbewusstsein, deine Entschlossenheit!»
Ich gab mein Bestes und spürte tatsächlich die Entschlossenheit in mir aufsteigen.
«So ist es gut! Und jetzt kommt das Herzstück, so einfach und genial: die Atmung! Für euch im Westen ist die Atmung zu banal. Für uns aus dem Osten ist die Atmung seit Jahrtausenden der goldene Schlüssel!»
Er erklärte mir die Wirkung der Atmung.
«Deine ganze Aufmerksamkeit, deine ganze Intelligenz ist immer beim Atmen. Mit dem Einatmen tankst du Energie, mit dem Ausatmen lässt du alles los, räumst alles weg. Du bist ganz locker, ganz leicht. So bleibst du klar bei deiner Absicht: Entschlossen nach vorn!»
Mein Kopf beschäftigte sich nur mit meiner Unsicherheit. Kann ich das, schaff ich das? Was ist, wenn nicht? Ich will nicht scheitern!
«Beweg dich! Box in die Luft!»
So konnte ich ein wenig Dampf ablassen. Dann blieb ich wieder stehen, um einfach zu atmen. Und wieder Bewegung, ich tänzelte wie Muhammad Ali in seinen besten Tagen, atmete kräftig aus und konnte mich immer mehr mit meiner Atmung verbinden. Ich hörte ihn sagen, und das war das Einzige, was ich ausser mir selbst noch wahrnahm:
«Einfach atmen, atme kräftig, atme alles weg!»
Aufkommenden Zweifeln, Gedanken, die mich ablenken wollten, gab ich keine Chance, atmete sie einfach weg, mein Atem war wie ein Schneepflug, der alle Zweifel beiseiteschob. Ich war ganz verbunden mit meiner Atmung.

Mein Herzschlag verlangsamt sich, eine innere Ruhe steigt in mir auf. Ich höre nichts mehr, alles ringsum ist ausgeschaltet, ich bin in einem Tunnel, der mich entschlossen nach vorn führt zum Licht. Ich spüre meine Entschlossenheit, das grenzenlose Vertrauen – ich schlage zu! Die Hand rast mit einem Befreiungsschrei durchs Brett!
Ich tat es einfach! Ich war es, der es tat!
Ich war glücklich: Ich habe alles in mir. Ich bin es.
Ich war erstaunt, verblüfft über mich selber, darüber, was alles in mir steckt.
Das war nicht nur mein wichtigster Schlag im Leben, sondern auch der wichtigste Sieg, weil ich an den Punkt gekommen war, wo ich es gespürt habe: Die Sicherheit liegt in mir selbst.
Yamato trat hinter mich und legt mir beide Hände auf den Rücken. Eine grosse Wärme strömte durch seine Hände in mich. Ich atmete tief ein und wieder aus.
«Jetzt kannst du loslegen», sagte er.
Ich drehte mich um, legte meine Hände vor der Brust zusammen und verbeugte mich. Er antwortete mit derselben Geste der Wertschätzung.

Der Mut, das Einfache zu tun
«Komm mit», sagte er, drehte sich um und verliess den Raum. Wir gingen noch einmal nach draussen in den Wald. Dort gab er mir fünf handliche Steine und deutete auf einen dicken Baumstamm.
«Du hast die Aufgabe, diesen Baumstamm mit einem deiner Steine zu treffen. Aus welcher Distanz, das bleibt dir überlassen.»
Ich nahm Mass und wählte eine ziemlich weite Distanz zum Ziel. Ich zielte kurz, warf meinen Stein und verfehlte den Stamm knapp. Ich war enttäuscht, dass ich nicht getroffen hatte, und schaute zu Yamato hinüber. Er trat zu mir.
«Du hast das Ziel verfehlt, mein Freund, also einen Fehler gemacht. Was machst du jetzt?»

«Ich werfe noch einmal von hier, das muss ich schaffen.»
«Bist du sicher?», fragte er eindringlich.
«Nein, sicher bin ich nicht.», sagte ich und prüfte die Distanz.
«Aber ich muss das schaffen.»
«Immer sucht ihr das Schwierige, um euch zu beweisen, dass ihr gut seid. Aber ich sage dir, nur das Einfache garantiert den Erfolg. Vergiss das nie! Wenn du einen Fehler gemacht hast, dann geh immer wieder zurück zum Einfachen, bis an den Punkt, an dem du sicher bist, dass du erfolgreich bist. So bleibst du immer im Selbstvertrauen. Geh den Weg der kleinen Siege und nimm diese Erfolgserlebnisse mit! Also, mein Lieber, du verkürzt die Distanz zum Ziel, bis du sicher bist, dass du triffst. Habe den Mut, einfach zu sein.»
Er führte mich näher an den Baumstamm heran. «Triffst du von hier?»
Ich zögerte eine kurz. Er führte mich noch einen Schritt weiter an den Baumstamm heran. «Und jetzt, bist du jetzt sicher, dass du triffst?»
«Ja.»
«Dann triff!»
Ich traf ohne jede Mühe. Aha, so also! Ich vergrösserte die Distanz in kleinen Schritten und traf immer. Tatsächlich wuchs mein Selbstvertrauen, dass ich treffen würde, trotz der grösser werdenden Distanz. Da merkte ich nach dem fünften Treffer, dass ich meine erste Distanz bereits überschritten hatte. Ich wollte noch einmal die Distanz vergrössern und nahm einen neuen Stein auf. Diesmal verfehlte ich mein Ziel. Ich warf Yamato einen kurzen Blick zu und überwand mich, die Distanz erheblich zu verkürzen. Ich traf und spürte tatsächlich, wie mein Selbstvertrauen zurückkehrte. Es war wie eine Erleuchtung: Nach einem Fehler gehst du immer wieder zurück zum Einfachen. Yamato hatte mich beobachtet und gesellte sich zu mir.
«In jeder noch so schwierigen Situation, in der du Fehler

machst, kannst du zurück zum Einfachsten, zu deinem Atem. So bist du immer entspannt, locker und im Vertrauen. Und vergiss nie, auch im Erfolg einfach zu bleiben, immer wieder zum Einfachen zurückzukommen. Im Erfolg liegt der Virus des Misserfolgs. Lass die Euphorie los. Behalte deinen Biss. Und nimm das Selbstvertrauen mit auf deinen Weg.»
Gebannt hörte ich ihm zu.

«Mit dieser Einstellung, mit dieser Intensität, mit dieser Gefährlichkeit bist du ab jetzt unterwegs, mein Freund, immer wenn es um etwas geht. Lieber einen Tag als Tiger leben, als ein Leben lang als Schaf. Eine gute Mischung aus Gelassenheit und Entschlossenheit, aus Vertrauen und Frechheit, aus Herz und Biss. Umgekehrt heisst das: in der Aktion entspannen.
Und deswegen geh jetzt zurück zum Yoga, damit du das Prinzip, in der Anspannung zu entspannen, verinnerlichst. Such deine Grenzen, geh an deine Grenzen, spiel mit deinen Grenzen: Atme, entspanne und bleibe entschlossen.»

Er schwieg einen Moment.
«Am Schluss beginnt es.» Er schaute mich an, als ob er einen Einwand erwartete.
«Wie meinst du diese paradoxe Aussage?», fragte ich ehrlich erstaunt.
«Da, wo du dich verkrampfst, da, wo die meisten davonrennen und aufgeben, da, wo für die meisten Schluss ist, da sollst du dranbleiben. An diesem Punkt entscheidet sich alles, da liegt das Geheimnis von Winning, da beginnt die Frechheit, mit der du siegst.»

Kapitel 4

Unter Männern

Meine Vision, das sind zwei springende Delfine! Darin drückte sich mein innigster Wunsch aus: Nicht allein zu springen, sondern ich, als Mann, wollte mit einer Frau springen, frech, verspielt, leicht die nächste Welle nehmend. Dieser Wunsch, einer Frau zu begegnen, führte mich in eine Männerbande.

Wolfsbruder
Eines Tages sass ich in einem Strassencafé. Am Tisch mir schräg gegenüber sass ein hochgewachsener, alterslos gut aussehender Mann mit langen Haaren und auffälliger, irgendwie mittelalterlich lässiger Kleidung. Die festen Stiefel liessen mich vermuten, dass er sich viel in freier Natur bewegte. Zu seinen Füssen lag ein riesiger Irischer Wolfshund, der aber trotz seiner erschreckenden Grösse friedlich wirkte. Seine lange Schnauze ruhte auf den Vorderpfoten, und er hielt die Augen geschlossen, aber an der feinen Bewegung seiner schwarzen, feuchten Nase konnte man ablesen, dass er genau registrierte, was um ihn herum vorging. Als ich meinen Tee trank, merkte ich nach einer Weile, dass der Besitzer dieses Hundes mich beobachtete, das heisst, er schaute mich mit unverhohlenem Interesse an. Plötzlich sprach er mich an:
«Sie sehen aus wie ein Krieger.»
Ich schaute wahrscheinlich etwas fassungslos zurück. Er lachte.
«Ich wollte Sie nicht erschrecken. Aber Sie sehen wirklich aus wie ein Krieger.»
Der Hund zu seinen Füssen hob seinen Kopf und sah mich an. Seine Augen waren graugrün und leuchteten aus der Tiefe, und es schien mir, als blicke mich ein Mensch an, als prüfe er die Aussage seines Herrn. Dann legte er seinen grossen Kopf

wieder auf seine Vorderpfoten und schloss die Augen. Ich atmete tief durch und fragte:
«Was Ihr Hund wohl von mir hält?»
Er lachte wieder.
«Er mag Sie. Er schaut nur Menschen direkt in die Augen, die er mag. Als ich Sie vorhin kommen sah, dachte ich an die Bande. Das wäre etwas für Sie.»
Ich wusste nicht, was er meinte, aber ich war sofort hellwach und fragte ihn nach der «Bande». Er stand auf und kam an meinen Tisch. Der Hund war mit aufgestanden und legte sich zwischen uns, und zwar so, dass seine Schnauze ganz dicht bei meinen Füssen lag.
«Sehen Sie, er mag Sie», sagte er.
Und plötzlich sprachen wir so vertraut miteinander, als ob wir uns schon Jahre kennen würden. Ich erzählte ihm von mir wie einem Freund, und er erzählte begeistert von der Männerbande. Am Schluss nannte er mir einen kleinen Ort im Département Gard in Frankreich.
«Fahr einfach dorthin. Du wirst die Männer schon finden.»
Alles war so selbstverständlich! So auch der Abschied. Ich war aufgestanden, denn ich musste zu einer Verabredung. Er blieb sitzen und schaute zu mir hinauf. Auch der Hund hob seinen Kopf und schaute mich an. «Wolfsbruder», dachte ich, als ich in die beiden Augenpaare blickte, und gab dem Mann die Hand.
«Danke für alles!»
Er lächelte und erwiderte meinen Händedruck.
«Alles Gute!»
Ich atmete tief und merkte, wie auch ich lächelte. Ich ging und habe Wolfsbruder nie wieder gesehen. Und vier Wochen später betrat ich eine neue Welt, die Welt der wilden Männer.

Am Ende der Zivilisation
Die Cevennen sind eine wilde Landschaft mit endlosen Bergketten und tiefen Tälern, mit kleinen Dörfern und einsam gele-

genen Weilern, bestehend aus hoch aufragenden Steinhäusern.
Auf immer enger werdenden kleinen Sandstrassen traf ich gegen Abend am Mas de Vallonge ein. Die wuchtigen Gebäude waren ganz aus dunklem Schiefer errichtet und schmiegten sich dicht an den steilen Abhang des tief eingeschnittenen Cevennentals. Ringsum wild wuchernder Kastanienwald, ein Wildbach, der nicht zu sehen, aber deutlich zu hören war. Es roch nach Heidekraut und Sonne. Der Weg endete vor einem Holzportal. Ich klopfte, aber es regte sich nichts. Ich stieg die Steintreppen zwischen zwei Gebäuden hinunter in einen kleinen Innenhof, der mit Schieferplatten aus der Gegend belegt war. Hier war es dunkel und die Luft war angenehm kühl und feucht. Es dämmerte in dieser Gegend offenbar sehr früh. Dann sah ich neben der schmalen Eingangstür das erleuchtete Fenster im Erdgeschoss des gegenüberliegenden Gebäudes. Ich ging hin und schaute durch das Fenster in eine grosse, weiss gestrichene Küche mit dunklen Deckenbalken.
Ich sah zwei Männer, die offensichtlich ein Essen zubereiteten. Sie sprachen miteinander, während der eine an einem langen Kastanienholztisch stand und Gemüse bearbeitete und der andere das geschnittene Gemüse in einen grossen Topf auf dem Herd tat. Ich konnte nicht hören, was sie sagten, aber ich konnte sehen, dass sie offenbar sehr vertraut miteinander waren. Sie schauten sich zwischendurch offen in die Augen und berührten sich leicht, wenn sie einander bei ihrer Arbeit begegneten. Sie kannten sich aus in der Küche, das war klar, und ihre Bewegungen waren geschmeidig, zweckmässig und kraftvoll. «Wolfsbrüder», sagte es in mir. Ich schaute ihnen wie gebannt zu und der Wunsch kam auf, auch so zu sein. Jedes Mal, wenn sie sich kurz anschauten, fühlte ich mich auch angeschaut, und ich glaubte zu verstehen, worüber sie sprachen.
Ich weiss nicht, wie lange ich ihnen zugeschaut hatte. Sie schienen mich nicht bemerkt zu haben. Da ging der

Gemüseschneider zur Tür, die in den Hof führte. Ich hatte keine Zeit, mich zu sammeln, da hatte er schon die Tür geöffnet und ein goldener Lichtschein durchschnitt die Dunkelheit, die den Hof füllte. Der Mann trat hinaus in die kühle Abendluft und atmete tief durch, reckte und streckte sich. Dann muss er mich gespürt haben. Er wandte sich um und schaute zu mir, der ich immer noch beim Fenster stand. Offenbar musste er seine Augen an die Dunkelheit gewöhnen, bevor er mich ganz wahrnehmen konnte. Er schien aber nicht beunruhigt zu sein, denn er stand da ganz locker im warmen Licht, das aus der Tür in den Hof fiel, und schaute zu mir herüber. Dann trat er aus dem Lichtschein und kam einen Schritt auf mich zu.
«Du bist Ruedi», stellte er fest. «Willkommen!»
Seine Stimme klang angenehm ruhig und sicher.
«Ja, ich bin Ruedi. Ich bin gerade angekommen. Es war nicht ganz leicht, euch zu finden.»
«Ich heisse Pierre», sagte er und schaute zu dem kleinen Dreieck hinauf, das die drei hohen Steinhäuser aus dem dunkelblau leuchtenden Abendhimmel herausschnitten.
«Ja, das hier ist das Ende der zivilisierten Welt.»
Er lachte in sich hinein, und ich wusste nicht, ob er das Tal und das alte Gehöft meinte oder die «Männerbande». Ich fühlte mich etwas unsicher und wusste nicht, was ich antworten sollte. Er streckte mir seine Hand entgegen. Ich nahm sie und spürte seinen kräftigen Händedruck.
«Komm rein, es gibt gleich Essen. Yves und ich haben heute gekocht.»
Der andere Mann war zu uns getreten und reichte mir seinerseits die Hand, eine zarte Hand.
«Willkommen!»

Ich folgte ihnen in die Küche. Ich fühlte mich sofort wohl mit den beiden Männern in diesem Raum, der eine professionelle Ordnung ausstrahlte. In der Mitte des Raums stand ein langer

Kastanienholztisch. Zum Sitzen gab es vier lange Bänke aus demselben Holz.
«Morgen werden wir draussen essen unter der Araukarie, eine Terrasse tiefer, direkt über dem Bach», sagte Pierre.
«Dann sind wir auch mehr Männer als heute Abend», ergänzte Yves.
«Dann geht es erst richtig los.»
Ich fragte mich etwas bang, was dann wohl losgehen würde. Aber bevor ich weiter darüber nachdenken konnte, reichte Pierre mir ein grosses, frisches Handtuch und meinte:
«Die meisten von uns schlafen draussen unter freiem Himmel, solange es nicht regnet, und das wird es erst einmal nicht. Wenn du willst, kannst du vor dem Essen noch im Bach baden, aber nimm die Taschenlampe mit. Es ist bald stockfinster draussen. Dann siehst du wirklich nichts mehr. Ich zeige dir den Weg hinunter zum Bach. Jetzt sieht man ihn noch.»

Immer dieser Stress mit den Frauen
Ich folgte ihm über kleine Steintreppen von Terrasse zu Terrasse abwärts, und das Rauschen des Bachs wurde immer lauter und die Dämmerung immer dichter. Dann standen wir auf einem grossen, glatt geschliffenen Granitfelsen, der sich wie ein Walrücken aus der Wiese hob und zum Bach hin steil ins Wasser abfiel.
«Von hier aus kannst du ins Wasser springen. Es ist tief genug. Weisst du was, ich springe mit rein.» Und mit schnellen Bewegungen hatte er sich die Kleider vom Leib gestreift und stand nackt neben mir. Ich war überrascht.
«Los, Kleiner, leg die Rüstung ab!»
«Wie bitte?», sagte ich mehr zu mir selbst. Er lachte wieder sein eigentümlich leises Lachen, und plötzlich musste ich mitlachen und hatte, ohne viel zu überlegen, auch meine Kleider ausgezogen. Da standen wir nun nackt nebeneinander auf dem Felsen über dem Fluss und schauten hinunter. Es war

jetzt bereits so dunkel, dass ich die Entfernung zur Wasseroberfläche kaum mehr richtig einschätzen konnte. Unter uns lag jedenfalls ein kleines Flussbecken von etwa zehn Meter Durchmesser. In diesem Moment sprang Pierre im Kopfsprung hinunter ins dunkel schimmernde Wasser, und das Wasser spritzte bis zu mir herauf.
«Los, spring!», schrie Pierre. «Es ist wirklich tiefes Wasser. Keine Angst!»
Und ob ich Angst hatte! Aber ich wusste genau, wenn ich noch eine Sekunde länger zögerte, würde ich nicht mehr springen. Also sprang ich mit einem Schrei kopfüber in die dunkle Tiefe. Als ich wieder auftauchte, hatte das kalte Wildwasser alle Angst gelöscht, und ein Jubelschrei brach aus mir heraus.
Hey, das war ein Gefühl! Pierre schrie zu mir hinüber von der anderen Seite:
«Gut gemacht, Grosser!» Ich konnte nicht hören, wie er lachte. Aber er lachte bestimmt.
«Danke!», schrie ich zurück und schwamm zu ihm hinüber. Er tauchte unter mir durch und war verschwunden, und plötzlich sass er als dunkle Silhouette wieder oben auf dem Stein. Ich folgte ihm. Es war inzwischen so dunkel, dass man nur noch die Umrisse der Dinge wahrnehmen konnte. Der Stein strahlte die gespeicherte Wärme des Tages aus. Ich setzte mich neben Pierre und legte mir das Handtuch um die Schultern. So entspannt hatte ich mich noch nie in Gegenwart eines Mannes gefühlt und so respektvoll. Ich hatte das beglückende Gefühl, dass ich nicht mit ihm konkurrieren musste, wie ich es sonst immer mit Männern machte. Er hatte sich mir nackt gezeigt, ohne jeden Vorbehalt!
«Immer dieser Stress mit den Frauen», sagte er unvermittelt.
«Ja», antwortete ich und dachte an meinen Stress mit ihnen. Und nach einem Schweigen fragte ich ins Dunkel hinein:
«Wie meinst du das?»
«Hast du keinen Stress mit den Frauen?», fragte er zurück.

Natürlich hatte ich den. Und was für einen. Immer diese Angst, den Erwartungen der Frau nicht zu genügen. Aber ich war davon ausgegangen, dass nur ich diesen Stress hatte. Alle Männer, wenn sie von ihren Sexabenteuern erzählten, hatten bisher ausnahmslos damit geprahlt, dass sie die Frau vollständig und mit Ausdauer befriedigen konnten. Mehrfach hintereinander. Und jetzt sass dieser nackte Mann neben mir und sprach von seinem Stress mit Frauen.
Ob er denselben Stress meinte wie ich?
«Ich komme zu früh», brach es aus mir heraus.
Ich war erschrocken, wie laut meine Stimme in der Dunkelheit war. Noch nie hatte ich das vor einem anderen Menschen ausgesprochen.
«Ja, ja! Der Fluch eines jeden Mannes. Mir gings genauso.»
Ich atmete tief durch. Ihm ging es genauso! «Ging» – das klang nach Vergangenheit.
«Und jetzt?»
«Nicht mehr.»
Worüber sprachen wir da eigentlich? Ich begann zu zittern und stand auf, um mich anzuziehen. Ich hatte über diese Schwäche eigentlich nicht sprechen wollen. Aber er hatte mich überrumpelt mit seiner Offenheit, und jetzt war es heraus. Und ich fühlte eine enorme Erleichterung: Es war ihm also genauso ergangen wie mir! Während ich im Dunkeln nach meinen Kleidern tastete und versuchte, in die Hosenbeine zu kommen, fragte ich:
«Und was hast du gemacht?»
Er war sitzen geblieben.
«Nichts. Ich habe nur aufgehört, von meinen Heldentaten zu erzählen, die ich ja eh nicht vollbringen kann. Weisst du, du kommst bei einer Frau doch immer zu früh, ob du nach einer Minute kommst oder nach einer halben Stunde. Du genügst nie, solange du dich verantwortlich fühlst für ihren Orgasmus. Und selbst wenn sie dir sagt, du seist der Grösste – du glaubst

es ihr nicht, weil du es dir selbst nicht glaubst. Aber es tut halt gut, und das weiss sie. Und so bin ich dahintergekommen, was ich schon immer geahnt hatte, schon in der Schule, dass alle Männer, die von ihren Heldentaten im Bett erzählen, lügen, weil sie um jeden Preis als Herkules gelten wollen. Deshalb frage ich jeden Mann, den ich treffe, ob er Stress mit den Frauen hat. Seitdem bin ich viel entspannter.»
«Das hilft?»
«Schon!»
«Aber?»
Pierre machte die Taschenlampe an.
«Halte bitte mal.»
Im Licht der Taschenlampe suchte er seine Kleider zusammen und zog sich vor meinen Augen im grellen Lichtkegel der Taschenlampe an.
«Aber?», beharrte ich. Jetzt wollte ich Klarheit.
«Das musst du selbst herausfinden. Wir haben ja noch ein paar Tage vor uns. Mach dir keinen Stress!»
Er nahm die Taschenlampe und ging voraus. Ich war froh, dass ich den Weg nicht allein im Licht der Taschenlampe finden musste. Alles sah ganz anders aus als vorher in der Dämmerung. Ich hielt mich dicht hinter ihm, und während ich auf seinen breiten Rücken schaute, ging mir unser Gespräch immer wieder durch den Kopf. Einerseits war ich unendlich froh, dass ich meine Angst davor, nicht zu genügen, einmal ausgesprochen hatte, andererseits war ich sauer, dass er mir nicht alles über sich erzählt hatte. Er hielt also bewusst etwas zurück. Das machte mich wütend. Plötzlich erinnerte ich mich an seinen letzten Satz: «Mach dir keinen Stress!» Ich blieb kurz stehen. Ja, das war es. Ich machte mir Stress. Ich war es, der mir Stress machte! Es war wie eine Erleuchtung.
Pierre war weitergegangen, schnell holte ich ihn ein, da leuchteten über uns bereits die Fenster der Küche durch die Zweige der riesigen Kastanie, die auf der ersten Terrasse unter dem

Haus wuchs. Wir gingen schweigend das letzte Stück des kleinen Pfades hinauf zum Innenhof. Es waren Stimmen zu hören. Die Stimmen von rund dreissig Männern, die im Innenhof in kleinen Gruppen zusammenstanden, sich unterhielten und assen. Pierre verschwand in der Menge, und ich war auf mich allein gestellt. Zu essen holte man sich aus der Küche. Es schmeckte wunderbar. Ich wurde immer wieder angesprochen, sagte meinen Namen, hörte die Namen der anderen und sah immer in offene, freundlich neugierige Gesichter.

Der Fight mit Worten und Fäusten
Morgen früh sollte es richtig losgehen. Fighten! Nach ein paar Unterhaltungen wusste ich, es ging um Boxen. Aber ich war zu müde, um mir noch Sorgen zu machen, und suchte nach Pierre. Ich wollte schlafen gehen, holte meinen Schlafsack und eine Taschenlampe und stieg die Treppen hinunter zur ersten Terrasse unter dem Haus. Ich ging zur grossen Kastanie, an der ich mit Pierre vorbeigekommen war, und fand nahe am mächtigen Stamm eine ebene Stelle, die mit dichtem, weichem Gras bewachsen war. Dort rollte ich meinen Schlafsack aus, kroch hinein und hörte auf das Rauschen des Bachs. Und dann erhob sich laut über das Rauschen ein völlig unwirklicher, glockenheller Ton. Zuerst erschrak, so geisterhaft rein klang das. Und dann wusste ich, es ist eine Nachtigall. Ich liess mich wegtragen von ihrem Gesang in einen tiefen Schlaf
Am nächsten Morgen wachte ich früh auf und schaute hinauf ins weit ausladende Geäst der Kastanie und hörte auf die Geräusche, die den Sonnenaufgang begleiteten. Die Nachtigall war verstummt, die Tagvögel hatten ihren Dienst angetreten. Vor allem die Taube, die auf einem Ast der Kastanie sass. Aus dem offenen Küchenfenster über mir drangen einzelne Stimmen, manchmal ein Lachen und Geschirrklappern. Ab sieben Uhr liefen immer mehr Männer an meinem Lager vorbei. Ich schloss mich ihnen an, und wir stürmten hinunter zum

Fluss. Hier gab es die Naturdusche, überall im Bach standen nackte Männer und übergossen sich mit kaltem Wasser. Plötzlich waren wir uns so nah, kein abschätziges Abchecken, keine Konkurrenz. Einfach Nähe.
Ein wunderbares Frühstück unter der Araukarie wartete auf uns, und ich hatte richtig Hunger. Immer wieder schaute ich nach Pierre, aber ich konnte ihn nicht entdecken.
Um acht Uhr ertönte ein Gong. Der Mann der den Gong geschlagen hatte, war offensichtlich der Anführer der Bande. Die leisen Gespräche verstummten, und der Mann mit dem Gong verkündete:
«In einer Viertelstunde treffen wir uns zum Fight auf der untersten Terrasse am Bach.»
Die Männer erhoben sich und räumten das gebrauchte Geschirr zusammen auf einen dafür vorgesehenen Tisch. Um die vierzig Männer stiegen die Treppen und Pfade hinunter zur untersten Terrasse, die grasbewachsen und völlig eben eine wunderbaren Bühne abgab. Es bildete sich ein grosser Kreis, in der Mitte lagen zwei Paar Boxhandschuhe. Alle Männer und ich mit ihnen zogen die Pullover, Shirts und Hosen aus: Vierzig Männer in Boxershorts und barfuss standen nun dicht an dicht im Kreis. Der Anführer begann einen Rhythmus zu stampfen. Der Kreis nahm den Rhythmus auf. Erst leise, dann immer heftiger, bis schliesslich die Erde unter dem Stampfen erzitterte. Ein Mann löste sich aus dem Kreis und ging in die Mitte und zog sich Boxhandschuhe an. Dann ging er auf einen anderen Mann im Kreis zu und tippte ihm mit der Rechten auf die Brust. Sie schauten sich in die Augen, und der Herausgeforderte nickte. Beide gingen zur Mitte, und während der sich auch die Boxhandschuhe anlegte, ging das Stampfen weiter. Ich stampfte mit und spürte, wie in mir eine wilde Entschlossenheit erwachte. Ich wollte auch kämpfen.
Der Anführer trat in die Mitte zwischen die beiden Kämpfer und hob seinen Gong in die Höhe.

«Kämpft mit Worten und Fäusten!», rief er, «Haltet nichts zurück. Es geht nicht ums Besiegen, es geht ums Fighten!»
Der Gong zur ersten Runde ertönte – «Box!» Nur das rhythmische Stampfen der Männer war noch zu hören.
«Du Feigling!», schrie der Herausforderer und schlug mit der Rechten zu und traf den Gegner an der linken Schulter. Ein Teil der Männer schrie und johlte.
«Du alter Sack!», brüllte der Getroffene und traf den anderen mitten auf die Brust. Der taumelte, und ein Teil der Männer grölte: «Gibs ihm!» Die anderen schrien dagegen und feuerten ihren Kämpfer an. Plötzlich merkte ich, dass ich mitbrüllte und johlte, und zwar für den Herausforderer. Der Kampf im «Ring» tobte nun völlig enthemmt, Schlag und Treffer, Schrei um Schrei. Ebenso der Anfeuerungskampf der Männer im Kreis.
Immer wenn einer der Kämpfer sich verkrampfte und verstummte, griff der Anführer ein und gab klare Kommandos.
«In die Augen schauen!», schrie er. «In die Augen! Sags ihm in die Augen!»
Drei Runden dauerte der Kampf. Nach dem Schlussgong lagen sich die Gegner völlig erschöpft in den Armen, unter tosendem Beifall. Sie legten die Boxhandschuhe ab und gingen strahlend an ihren Platz im Kreis zurück.
Sofort trat ein anderer Mann in den Kreis. Es war Pierre. Mir stockte der Atem. Er zog sich die Handschuhe an, drehte er sich langsam um und kam direkt auf mich zu. Er schaute mir ohne jedes Lachen in die Augen und berührte mich mit der Rechten dort, wo mein Herz wie wild pochte. Ich nickte ihm zu und folgte ihm in den Ring, bückte mich und nahm die Boxhandschuhe auf. Mit gesenktem Blick streifte ich sie über. Ich hatte Angst. Da drang das Stampfen der Männer im Kreis zu mir und mein Herzschlag übernahm diesen Rhythmus. Ich schaute auf, hob die Arme zur Verteidigung und sah meinem Gegner in die Augen. Er stand eine Armlänge von mir entfernt. Der Anführer hob den Gong – «Box!»

Frechheit siegt

«Du Schlappschwanz!», schrie mir Pierre ins Gesicht, und sein Schlag warf mich fast zu Boden. Er hatte mich oberhalb meiner Deckung an der Schulter getroffen. Ich fing mich gerade noch und stellte mich wieder hin, aber da traf mich der nächste Schlag direkt auf das Brustbein. Ich taumelte nach hinten. Die Bande johlte auf.
«Wehr dich doch endlich!», hörte ich ein vereinzelte Stimme rufen.
«Feigling!», tönte es mir entgegen. Den Schlag, der dieses Wort begleitete, konnte ich gerade noch abwehren. Da geschah etwas in mir. Ich spürte gerade noch, wie ich die Kontrolle verlor, die ich eigentlich um keinen Preis aufgeben wollte. Wut schoss in mir hoch.
«Huere Hoseschisser!», schrie es aus mir, und mein rechte Faust fand ihr Ziel, seine linke Schulter, die er freigegeben hatte, als er zum nächsten Schlag unvorsichtig weit ausholte. Dieser Treffer setzte eine wilde Aggressionslust in mir frei. Unsere Augen trafen sich. Da gab es keine Gnade. Du oder ich.
«Komm her, du Sauhund!» Wieder war ich schneller als er und traf ihn unter seiner Deckung am unteren Rippenbogen. Ich sah den Schock in seinen Augen und wollte triumphal nachsetzen, da traf seine Faust meinen rechten Oberarm, der sich danach wie taub anfühlte.
So tobten wir unsere entfesselte Aggression aneinander aus, gingen in den Clinch, rochen unseren Schweiss, stiessen uns von einander ab und kämpften weiter bis zur Erschöpfung. Und zum ersten Mal in meinem Leben konnte ich zu meiner Aggressivität stehen, sie als etwas Positives annehmen und nutzen.
Nach der dritten Runde war ich total kaputt, aber glücklich. Pierre und ich lagen uns in den Armen. Ich flüsterte ihm ins Ohr. «Danke, jetzt habe ich wieder etwas verstanden.»
Er lachte. «Vielleicht kommt noch etwas nach. Vielleicht!»
Was meinte er?

Das Boxen war wirklich eine elementare Erfahrung. Ich konnte mit grosser Freude aggressiv sein und mit einem Freund kämpfen, ohne ihn als Freund zu verlieren. Im Gegenteil, es hatte die Freundschaft vertieft. Toll!
Jeder Tag brachte neue Erkenntnisse, die alle aus der immer grösser werdenden Nähe unter uns Männern entsprangen.
So lernte ich, dass Männer sich berühren können, ohne gleich als schwul zu gelten. Gegenseitige Massagen vertieften diese sinnliche Erfahrung. Immer mehr öffnete sich mein Herz für diese wilden Männer, und sie öffneten mir das ihre. Immer offener konnten wir auch über unsere Schwächen und Ängste, Träume und Sehnsüchte sprechen, wo wir Männer ja am verletzlichsten sind, und diese Öffnung als unglaubliche Stärke erfahren. Ich lernte, Gefühle zu zeigen und zu beschreiben. Ich erfuhr an mir, dass ich mich berühren lassen konnte von einem schweren Schicksal, mitfühlen konnte mit einem fremden Schmerz. Ich war also gar nicht gefühlskalt, wie ich immer wieder befürchtet hatte. Welche Befreiung! Diese Befreiung tobte sich aus in ekstatischem Tanzen dicht an dicht, nass geschwitzte, wilde Männerkörper. Und hinunter zum Fluss und schweissnass ins kalte Wasser gestürzt. Das war Freude, Lebensfreude pur!

Der Tag der grossen Prüfung
Dann kam der Tag, wo die Männer ausgewählt wurden, die in die Bande aufgenommen werden sollten. Der Tag der Initiation für die Ausgewählten.
Und ich wurde für würdig befunden. Das war ein grosser Moment für mein schwaches Selbstbewusstsein! Ich nahm die Herausforderung der grossen Prüfung an, ich wollte den Weg der Initiation gehen, an dessen Ende die Aufnahme in den Stamm stand.
Es begann damit, dass mir die Augen verbunden wurden. Ich wurde in einen Raum geführt und an Händen und Füssen

gefesselt. Ich sass auf dem Boden, den Rücken an eine Wand gelehnt. Nun geschah etwas, das mich mit Entsetzen erfüllte: Sie begannen, mir die Haare vom Kopf zu rasieren. Meine wilden langen Haare! Ich fühlte mich ihrer Willkür machtlos ausgeliefert. Als sie fertig waren, gingen sie wortlos aus dem Raum und liessen mich allein zurück. Stunden vergingen. Niemand nahm mit mir Kontakt auf. Langsam geriet ich in einen Zustand tiefer Verzweiflung. Was hatten sie vor? Sie waren ja offensichtlich zu allem fähig. Geräusche drangen an mein Ohr. Eine Tür ging auf und wieder zu, ohne dass etwas geschah. Ein gellender Schrei drang aus einem Nachbarraum. Ich erschrak fast zu Tode. Nach endlosen Stunden ergriffen mich Hände, die Fussfesseln wurden gelöst, und man führte mich barfuss ins Freie. «Wo bringen sie mich jetzt hin?», fragte ich mich zutiefst beunruhigt. Dann wurde ich gedrängt, in einen engen Raum hineinzukriechen, eine Art Höhle, in der ich gerade noch gebeugt sitzen konnte. Dann wurde dieser Raum mit dröhnenden Hammerschlägen geschlossen.
Ich war in einem engen Loch, aus dem es kein Entkommen gab. Ich war auf engstem Raum eingeschlossen. «Wie in einem Fass», dachte ich. Ich war in einem Fass. Ich hatte Angst. Was hatten sie vor? Dann wurde das Fass bewegt, gerollt. Ging es jetzt ins Wasser? Wollten sie mich in den Fluss werfen? Ich wusste nicht mehr, wo oben und unten war. Mit Oberkörper und Beinen hatte ich mich gegen die Wände gestemmt, um nicht dagegengeschleudert zu werden. Als das Fass wieder zur Ruhe kam, blieb ich eine endlos lange Zeit eingeschlossen, ohne das irgendetwas geschah. «Was kommt denn noch?», fragte ich mich in Panik. Aber es kam nichts. Ich war so verzweifelt und allein wie nie zuvor in meinem Leben.
Dann kam der Moment, wo ich meine Situation demütig annahm, meine Machtlosigkeit akzeptierte. Und plötzlich spürte ich, wie eine höher Macht mich trug, ich fühlte mich «aufgehoben» im Doppelsinn des Wortes.

In diesem Moment wurde das Fass geöffnet. Man half mir heraus und führte mich zu einem Raum, in dem offensichtlich alle wilden Männer tanzten, sie tobten, Freudenschreie durchschnitten die laute Trommelmusik. Ich roch ihren Schweiss, ich spürte ihre nassen Körper. Ich spürte diese Männerenergie, spürte dankbar ihre Nähe. Es war gut, wieder bei ihnen zu sein.

«Geh durch den Raum, lass dich treiben!», hörte ich zu mir sagen. Ich drängte mich durch die tanzende, brodelnde Masse der Tänzer. Da traf mich der erste Schlag einer Hand auf den Rücken. Heftig brannte der sich ein. Ein zweiter folgte, ich wurde gedrängt und geschoben und im Rhythmus der wilden Trommelrhythmen vorangetrieben. Schlag auf Schlag traf auf meinen Rücken. Doch ich hatte nicht das Gefühl von Willkür und blinder Gewalt, der ich hilflos aufgesetzt war, sondern ich spürte, wie ich mit jedem Schlag mehr und mehr zu einem Mann wurde, zu einem wilden Mann, zu einem der ihren. Ich ging durch den Schmerz. Und ich spürte die Freude, dass ich mit jedem Schlag mehr Kraft bekam, den nächsten Schlag anzunehmen und in pure männliche Energie zu verwandeln. Mein alter Körper wurde in diesem Schlaggewitter zu einem neuen umgeschmiedet.

Dann endeten die Schläge. Ich wurde mehrere Stufen hinaufgeführt auf ein Podest. Mir wurde bedeutet, dass ich mich nun rückwärts fallen lassen solle, um mich von den Tänzern, meinen Stammesbrüdern, auffangen zu lassen. Ich stand dort oben und erinnerte mich an meine erste Begegnung mit Pierre und meinen Sprung vom Felsen ins Wasser – und liess mich rückwärts in die Tiefe fallen, endlos schien es mir. Dann wurde ich von vielen Männerhänden und -armen aufgefangen. Sie nahmen mir die Augenbinde ab und ich schaute in strahlende, Gesichter. Ich war einer der ihren! Pierre war da und strahlte mich an.

«Jetzt weisst du, was ich gemacht habe, oder?»

«Ja, du Schlitzohr!» Wir lachten.

Wir tanzten die Nacht durch bis zur Erschöpfung. Eine wilde Freude, spielerische Lebensfreude, führte meinen Initiationstanz.

Am nächsten Tag verabschiedete ich mich schweren Herzens von meinem Stamm und ging zurück ins sogenannt normale Leben: stolzer, lockerer, spielerischer, nicht mehr so leicht zu verunsichern, weil ich jetzt im Herzen wusste, dass ich ein Mann bin.

Als ich die Steintreppe zum Fahrweg hinaufstieg, stand Pierre oben und erwartete mich. Als ich bei ihm angekommen war, lachte er sein lautloses Lachen. Er stiess mich mit dem Ellbogen in die Seite und sagte verschwörerisch:

«Noch ein kleiner Rat, Grosser: Du kannst ruhig öfter ein bisschen mehr als Macho auftreten, das mögen die Frauen.»

Kapitel 5

Die Frauen lieben Machos

«Noch ein kleiner Rat, Grosser, du kannst ruhig öfter ein bisschen mehr als Macho auftreten, das mögen die Frauen.»
Dieser Abschiedssatz von Pierre, dem wilden Mann aus den Cevennen, ging mir nicht aus dem Kopf. Ich nahm ihn mit in die Zivilisation und mit auf die Suche nach meiner männlichen Identität Frauen gegenüber.
Mit Pierres Vision vom Macho in mir hatte ich den Mut, mich für einen Workshop zum Thema «männliche und weibliche Sexualität» anzumelden.

Geheime Wünsche und Ängste
Ich kam einen halben Tag nach dem offiziellen Beginn beim Seminarhaus an. Die letzten hundert Meter ging ich mit meiner Tasche in der Hand zu Fuss hinauf. Es war ein schwerer Gang. In mir lief ein Dialog ab zwischen Kopf und Macho, den ich im Bereich Bauch und Lenden einquartiert hatte:
«Immer muss ich mir das antun, dieses Zuspätkommen. Jetzt sind alle schon da, und ich weiss doch nicht einmal, ob jemand dabei ist, der mich kennt, vielleicht mein Nachbar oder der Pöstler», rechnete mir Kopf voller Panik vor.
«Quatsch!», sagte Macho. «Das packen wir. Wo ist das Problem? Wenn man zu spät kommt, steht man super im Mittelpunkt. Und da wollen wir doch hin, Ruedi, oder?»
«Nein!», schrie Kopf. «Möglichst unauffällig bleiben! Schliesslich geht es in dem Seminar um Sexualität. Das braucht doch niemand zu wissen, dass wir da vielleicht ein Problem haben. Am besten gar nicht darüber reden! Immer schön vorsichtig und unauffällig!»
«Hey!» Macho kümmerte sich gar nicht um das, was Kopf sagte. «Ich sehe schon, da oben gibt es jede Menge Frauen.

Da können wir doch endlich mal zeigen, wie ein wirklicher Mann mit Frauen umgeht. Genau, denen zeigen wirs!»
Ich war beim Seminarhaus angekommen. Es war offensichtlich Mittagspause, und die Gruppe wartete im Freien auf das Mittagessen. Macho wollte sich gleich ins Getümmel stürzen. Aber dazu kam es nicht, denn eine Frau kam direkt auf mich zu.
Es war eine sehr schöne, sehr grosse, sehr selbstsichere Frau. «Du musst Ruedi sein», sagte sie, ohne sich mit einer Begrüssung aufzuhalten. «Ich habe auf dich gewartet, weil ich die erste Übung mit dir machen will. Ich heisse Amanda.»
Ich fühlte mich total überrumpelt. Sie hatte mir die Initiative frech aus der Hand genommen. Das war ich nicht gewohnt! Ich war es, der eine Frau auswählte oder ansprach – wenn ich es denn schon mal tat.
Ihre Augen waren herausfordernd auf mich gerichtet. So war ich noch nie in meinem Leben angeschaut worden von einer Frau. Mir wurden die Knie weich. Hey, Macho, wo bist du? Er hatte sich aus dem Staub gemacht, ohne eine Nachricht zu hinterlassen. Wie alle Männer ein Meister der Flucht, sobald eine Frau dominiert.
«Diese wunderschöne Riesin will etwas von dir», flüsterte Kopf aufgeregt in mein Ohr. Und so war es auch. Sie nahm mich vom Fleck weg in Besitz. Wie hätte ich mich wehren sollen? Und obwohl ich zutiefst verunsichert war, wollte ich mich auch gar nicht wehren. Ich war sogar ziemlich stolz, dass dieses Vollweib mich vor aller Augen und Ohren auserwählt hatte, ohne mich vorher kennengelernt zu haben. Sie war einfach ihrem Instinkt gefolgt, wie sie mir später erzählte. Sie hatte auf mich gewartet und hatte sich für den später kommenden Ruedi freigehalten. Also stimmte ich zu und setzte mich neben sie zum Essen.
Und dann begann mein erstes Frauenabenteuer.
Beim Essen tastete man sich vorsichtig ab und erkundete das

psychische und soziale Gelände, auf dem man sich später bewegen sollte: Schon mal ein solches Seminar gemacht? Was machst du denn beruflich so? Single? Feste Beziehung?
Die erste Runde hatte ich gut überstanden, ohne viel von mir preisgeben zu müssen. Aber nach dem Essen ging es dann doch zur Sache. Die Übung, die wir gemeinsam durchzuführen hatten, war ein möglichst offenes Gespräch über Sexualität und über Ängste, Wünsche und Grenzen, die uns beim Thema gegenseitige Massage in den Sinn kamen.
Noch nie hatte ich mit einer Frau auch nur im Entferntesten über solche intimen Dinge gesprochen. Von Macho war weit und breit nichts zu hören oder zu sehen. Voll tiefer Angst ging ich neben ihr her, denn das Gespräch sollte auf einem Spaziergang stattfinden. Der Blick vom Seminarhaus in die weite Tallandschaft war bezaubernd, aber ich konnte ihn nicht so recht geniessen.
Ich gab meiner Angst in holprigen Worten Ausdruck, dass ich mit einer Frau über meine Sexualität sprechen sollte, in der ich mich so unsicher und verletzlich fühlte, wobei mir der Angstschweiss ausbrach und kleine Schweissperlen den Rücken hinunterliefen. Ich schaute konzentriert geradeaus, während ich sprach.
«Oh, mein Gott!», dachte ich gehetzt. «Jetzt stehe ich wieder einmal da als einer, der es nicht bringt.» Doch als das Bekenntnis meiner Angst draussen war, war ich zutiefst erleichtert. Es war plötzlich alles ganz leicht.
Auch ihr schien ein Stein vom Herzen gefallen zu sein, denn sie gestand mir, dass sie auch von Unsicherheit und Zweifeln geplagt war. Aus der selbstbewussten Riesin war ein verletzliches junges Mädchen geworden, das auf Verständnis hoffte. Wie sich herausstellte, hatte sie unter einem Macho als Mann heftig gelitten. Sie wünschte sich Zartheit und Hingabe bei der Massage. Da spürte ich, dass sich Macho wieder zu mir gesellt hatte und etwas von «Soll ich jetzt den Softie mimen oder

was!» murmelte. Er war offenbar genervt, weil er nicht zum Zuge kam. Aber da mischte sich mit einem Mal mein Herz ein und entschied: «Macho hat zu verschwinden! Hier sind wir gefordert, von Herz zu Herz.» Seltsamerweise war Kopf von allein verstummt, sobald ich meine Ängste offenbart hatte. Herz hatte die Führung übernommen und suchte einen gemeinsamen Rhythmus mit ihrem Herzen zu finden.

Wir vereinbarten, dass wir bei der Massage uns nicht sexuell heiss machen wollten, das bedeutete, keine Berührung im Genitalbereich. Hingabe ohne sexuellen Stress. Ich war tief berührt von ihrer Offenheit und Direktheit, mit der sie ihre Grenzen zog. Ich sagte ihr das, um ihr meine Hochachtung zu vermitteln.

«Deswegen bin ich doch hier, Ruedi! Und ich will mit dir gemeinsam diese Grenzen sprengen, die wir uns haben setzen lassen, dass man über seine intimen Wünsche und geheimen Ängste nicht spricht.»

Damit war der Damm gebrochen. Es entwickelte sich zwischen uns binnen weniger Minuten eine solche Vertrautheit und Offenheit, dass wir – wie soll ich es sagen? – in einen Kommunikationsrausch gerieten.

Nach zwei Stunden waren wir bereit für die Massage und kehrten zum Seminarhaus zurück. Wir hatten vereinbart, wir uns vollständig zu entkleiden. Das war die letzte Hürde, die aber leichter zu nehmen war, weil andere Partner die Massage auch nackt durchführten.

Das Ego vor dem Gartenhäuschen parkieren!

Und hier, in der gegenseitigen Berührung und Massage, erlebten wir ein völlig ausbalanciertes Geben und Nehmen, das jeden Nebengedanken und inneren Dialog auslöschte. Irgendwie harmonierte das zwischen uns. So wollten wir auch in der Nacht zusammenbleiben. Sie bewohnte ein abgelegenes Gartenhäuschen im Park. Dorthin lud sie mich ein. Ich entschied

mich, mein Ego, besser gesagt meinen Macho, vor dem Gartenhäuschen zu parkieren.
Und hier erlebte ich die unglaublichste Nacht meines bisherigen Lebens. Wir schliefen nicht.
Wir tanzten.
Wir atmeten gemeinsam.
Wir berührten unsere Körper.
Wir scherzten, herzten und küssten.
Wir lebten unsere Ekstase, ohne die Grenzen zum verzehrenden, sexuellen Feuer zu überschreiten. Ein unbeschreiblich freies und im Moment fliessendes Glück ohne gegenseitige Erwartungen. Kopf, Herz und Macho schwiegen.
Ja, auch Herz schwieg. Allerdings ein sehr beredtes Schweigen, das eher ein Gesang ohne Worte war. Macho schwieg, weil ihm der Mund vor Staunen offen stand; er wusste definitiv nicht, wie ihm geschah. Seine Eroberungslust hatte sich in Hingabe gewandelt, in eine tatendurstig forschende Hingabe, wenn ich diese paradoxe Ausdrucksweise nutzen darf. Kopf war verstummt, weil ihm die Worte fehlten für das, was sich vor seinen Augen abspielte. Kopf hatte den Verstand verloren. Er notierte in einer Art Bildersprache mit wahrem Sammeleifer immer neue Möglichkeiten der Berührung und legte entsprechende Archive und Dossiers in ungenutzten Arealen des Hypocampus an, um so den Schein von Kontrolle zu wahren.
Am nächsten Morgen waren wir in einem seltsam schwebenden Zustand des gegenseitigen Verstehens ohne Worte, sehr entspannt und doch sehr wach. Wie mir Amanda später bestätigte, wussten wir beide, dass diese nächtliche Begegnung auch unsere einzige gewesen war. Aber ich wollte mir das nicht eingestehen. Ich verabredete mit ihr locker, sicherlich aus einer gewissen Bequemlichkeit heraus, dass wir die nächsten Übungen am Nachmittag gemeinsam durchführen wollten. Wir verbrachten einen harmonischen Vormittag in der Gruppe, ohne uns dabei wirklich zu begegnen.

Wann habe ich das letzte Mal geweint?
Nach der Mittagspause ging es weiter mit den Paarübungen. Wir sollten unsere Partner wählen. Ich ging entspannt zu ihr hinüber. Was ich nicht sah: Ein anderer Mann war auf sie zugegangen. Beide Männer traten nahezu gleichzeitig zu Amanda, ich ein wenig später, und diese kurze Verzögerung gab dem anderen Raum, zu fragen, ob sie die nächste Übung mit ihm machen wolle. Wir standen nun zu dritt zusammen, und Amanda antwortete ihm: «Ja, das ist okay für mich.»
Ich stand wie betäubt daneben und kam mir vor wie ein Ehemann, dem die Frau noch vor der Hochzeitsnacht davon, gelaufen ist. Amanda schien erst jetzt zu merken, dass etwas nicht stimmte, und schaute mich irritiert an:
«Ist das für dich in Ordnung?»
«Ja, ja! Völlig okay!», antwortete ich viel zu schnell, wie ich es schon immer in meinem Leben gemacht hatte: Bloss keine Emotion zeigen! Meinen gekränkten Stolz und meinen Zorn schluckte ich wie gewohnt hinunter. Doch es war nicht zu verbergen. Ich war entlarvt. Die meisten aus der Gruppe hatten den Vorgang mitbekommen und fanden das Verhalten von Amanda unmöglich. Und sie bedauerten und trösteten mich als Opfer einer gemeinen Herzlosigkeit.
Wenn ich etwas nicht ertragen kann, dann das Gefühl, als Opfer dazustehen. Also suchte ich betont freundschaftlich und verständnisvoll immer wieder Kontakt zu ihr, um allen zu demonstrieren, dass alles so in Ordnung sei. Ich bin kein Opfer!
Die folgende Nacht schlief ich allein. Ich wachte sehr früh auf am nächsten Morgen. Etwas nagte an mir, ich konnte das Gefühl nicht fassen. Aber es nagte etwas.
Das war auch noch so in der morgendlichen Auswertungsrunde. Ich fühlte mich plötzlich von innen heraus gedrängt, über das gestrige Ereignis meiner Niederlage als Mann zu sprechen. Kaum hatte ich den ersten Satz formuliert, als mich,

wie aus dem Nichts kommend, eine tiefe Traurigkeit erfasste und meinen ganzen Körper durchschüttelte. Ich weinte hemmungslos, wie ich noch nie geweint hatte. Wann hatte ich überhaupt das letzte Mal geweint?
Und die Gruppe hielt stand! Diese Menschen blieben bei mir, ohne mich zu bemitleiden. Ich fühlte mich trotz des vernichtenden Schmerzes in meiner Brust getragen und verstanden. Dieses Gefühl des Getragenseins ermöglichte es mir, meinem Schmerz ins Auge zu sehen und ich erkannte ihn: Es war der Schmerz meiner Seele darüber, dass ich nicht zu mir gestanden hatte gestern, noch nie wirklich zu mir und meinen Gefühlen gestanden hatte. Ich erkannte die Tragödie meines bisherigen Lebens.
«Immer hast du mich verleugnet», sprach der Schmerz mit stummen Worten zu mir. «Ich flehe dich an, nimm dich und deine wirklichen Bedürfnisse endlich wahr und stehe zu dir und zu dem, was du aus dem Herzen heraus tun musst! Sonst bringst du dich um.» Noch einmal durchflutete der Seelenschmerz ungehemmt meinen ganzen Körper, und ein Schrei sprengte meine Brust und löste das Band, das mir den Hals zugeschnürt hatte. Ein erlösendes Schluchzen begleitete den Tränenstrom, der all die uneingestandenen Schmerzen und ungesagten Worte der Liebe und des Hasses, der Trauer und der Freude in mein Bewusstsein spülte. Mein ganzes ungelebtes Leben stand plötzlich vor mir, alle Situationen, in denen ich nicht zu mir gestanden war, mir selbst nicht treu gewesen war.
Endlich konnte ich sprechen. Ich sprach über meinen Schmerz und mit jedem Wort, das ich offen über meinen Lebensschmerz aussprechen konnte, breitete sich Lebensfreude in meinem Körper aus. Ich suchte Amanda mit meinem Blick und bemerkte die Angst in ihren Augen, dass sie das alles ausgelöst hätte. Und ich fühlte eine tiefe Dankbarkeit in mir aufsteigen dafür, dass sie mich mit mir selbst konfrontiert hatte,

indem sie ihrem Herzen gefolgt war, als sie sich spontan für den anderen Mann entschieden hatte. Ich sagte ihr das und spürte, dass ich nicht den geringsten Vorwurf ihr gegenüber in meinen Dank mischte.
«Du hast aus dem Herzen heraus entschieden und gehandelt, und ich konnte erleben, dass das geht und wie es geht. Ich danke dir.»
Ich sah ihre Erleichterung, und in diesem Moment löste sich mein Schmerz auf und gab einem anderen Gefühl Raum, einem Gefühl tiefer Zuneigung für sie und alle anderen Menschen im Raum, die meine Tränen begleitet hatten. Diese tiefe Dankbarkeit wohnt bis heute in meinem Herzen.
Ich gab mir damals das Versprechen, dass ich in Zukunft zu mir, zu meinen Gefühlen und Bedürfnissen stehen würde.

Liebe nörgelt nicht
Die nächste Massageübung am Nachmittag machte ich mit einer sehr attraktiven jungen Frau. Sie hiess Lilian.
Geöffnet, wie ich war, verliebte ich mich schon während des vorbereitenden Gespräches heftig in sie, und ich sagte ihr das auch. Ich übte mich bewusst darin, zu meinen Gefühlen zu stehen. Sie nahm das Geständnis lachend an und sagte:
«Du bist mir wirklich sehr sympathisch, Ruedi, und ich mag dich sehr. Aber ich bin nicht so schnell wie du. Lass uns doch einfach ausprobieren, wie es uns mit der Massage ergeht.» Sie berührte mich bei diesen Worten mit der linken Hand an meinem rechten Knie.
«Aha!», dachte ich und musste innerlich lachen: «Sie lässt lieber den Körper sprechen.» Ich war mir meiner Sache ziemlich sicher. Es hatte jemand mit mir mitgelacht: Mein fast vergessener Macho meldete sich zurück, als habe er nur auf diese Gelegenheit gewartet.
Während der Massage musste er allerdings einige Hürden überwinden, denn die junge Dame war sehr anspruchsvoll. Sie

hatte einiges an meiner Massagetechnik auszusetzen: «Nicht so fest!», korrigierte sie mich, als ich ihren Arm massierte. Macho und ich gaben uns Mühe, zarter zu arbeiten. Als wir ihr den Rücken sehr feinfühlig, wie mir schien, massierten, bekamen wir zu hören: «Ich spüre ja gar nichts, fester, bitte!»
Macho fing an zu rumoren, aber meine Verliebtheit behielt die Oberhand. Es war einfach wunderbar, diesen wunderschönen, warmen Körper zu berühren, spüren und zu ertasten.
Als sie mich dann massierte, spürte ich eine gewisse Professionalität in ihren Händen, die mich tief entspannte. Ich fühlte mich wunderbar erkannt von diesen Händen. Macho schnurrte vor sich hin, wie ein Kater, der ausgiebig gekrault wird. Wir waren sehr glücklich miteinander, wenn auch ihr anfängliches Nörgeln eine gewisse Wachsamkeit in mir geweckt hatte. Aber ich wollte sie. Basta!
Beim Abschied nach dem Ende des Seminars brachte ich sie zu ihrem Auto. Wir tauschten unsere Telefonnummern und Adressen aus:
«Ich freue mich, wenn du dich bei mir meldest.» Ich nahm sie in den Arm und küsste sie leicht auf beide Wangen und dann, einem spontanen Impuls folgend, auch auf den Mund. Ich spürte, dass sie diesen Kuss erwartet hatte. Sie strich mir mit der Hand über die Wange und liess mich dabei ihre Fingernägel spüren. Dann löste sie sich aus meiner Umarmung und ging zu ihrem Wagen, winkte noch einmal und fuhr davon. Mein Herz fuhr mit.
Als ich mich umdrehte, um mein Gepäck zu holen, stand Amanda vor mir. Wir schauten uns wortlos in die Augen, und es lag ein tiefer Frieden in diesem Augenblick.
«Leb wohl!», meinte sie einfach und reichte mir ihre Hand.
«Ich danke dir für alles», sagte ich ebenso einfach und spürte, wie mir Tränen in die Augen stiegen.
«Lass uns in Verbindung bleiben», sagte sie leichthin und doch bestimmt.

«Ja, wir sind in Verbindung.» Wir gingen nebeneinanderher ins Haus zurück. Ich nahm meine Tasche, ging hinunter zu meinem Auto und fuhr los. Da bemerkte ich amüsiert, dass Macho das Steuer übernommen hatte. Er wollte möglichst schnell nach Hause. Dort angekommen, rief ich, ohne den Mantel auszuziehen, Lilian an. Sie nahm sofort den Hörer ab.
«Ich muss dich sehen», sagte ich, ohne meinen Namen zu nennen. Sie lachte, und auf dieses Lachen hatte Macho gewartet. «Ich komme noch heute Nacht zu dir!»
Es schwieg eine Weile am anderen Ende der Leitung. Ich hörte sie ausatmen.
«Gut, komm! Ich will dich auch …», sie zögerte einen Sekundenbruchteil, «… sehen.»
Macho lachte: «In zwei Stunden bin ich da – nein, in anderthalb!»
Macho fuhr einen gewagten Fahrstil, und so stand ich tatsächlich nach anderthalb Stunden mitten in der Nacht vor ihrer Wohnungstür und klingelte. Macho dauerte es zu lange, bis sie endlich öffnete. Da stand sie in einem dunkelgrünen, hochgeschlossenen Kleid aus chinesischer Seide, das ihre Körperformen mehr nachzeichnete als verbarg. Sie lächelte.
«Sie hat sich extra umgezogen», stellte Kopf fest.
«Pack sie!», knurrte Macho.
«Lass ihr Zeit», sagte Herz.
«Komm doch herein», sagte sie, drehte sich um und ging voraus. Sie hatte einen wunderbar schwingenden Gang. Sie zeigte mir ihre Wohnung, aber ich merkte mir nur, wo das Schlafzimmer war und das Bad. Meine Aufmerksamkeit war ganz bei ihr und den Bewegungen ihres Körpers unter dem grünen Kleid.
«Willst du etwas essen?»
«Nein, danke, ich habe schon gegessen», log ich. «Aber gern etwas trinken.»
Sie brachte ein stilles Wasser und zwei Gläser.
«Oder willst du lieber Wein?»

«Her damit!», hörte ich Macho sagen.
«Bloss nicht!», warnte Kopf.
«Im Augenblick gern Wasser», sagte ich diplomatisch. So sassen wir eine Weile nebeneinander auf der Wohnzimmercouch und tranken Wasser.
«Jetzt aber! Sie hat nichts an unter ihrem Kleid!», machte Macho Druck.
Ich legte meinen Arm um ihre Schultern, und sie schmiegte sich hinein.
«Ich wollte noch einmal versuchen, dich zu massieren. Vielleicht geht es ja jetzt besser ohne den Gruppenstress», tastete ich mich ans Thema heran.
«Jetzt pack sie endlich!», schrie mir Macho ins Ohr. «Sie wartet nur drauf, glaub mir!»
«Ja», sagte sie, «Ich habe nur darauf gewartet.»
Plötzlich sass sie mir zugewandt auf meinem Schoss und öffnete mit ruhigen Bewegungen mein Hemd. Ihr Kleid hatte sich nach oben geschoben, und ich sah, was Macho schon vermutet hatte: dass sie nichts darunter trug. Ich spürte, wie mein Körper anfing zu vibrieren, ganz fein wie eine angeschlagene Stimmgabel. Ich überliess mich ganz dieser feinen Schwingung, bis sie mir das Hemd ganz geöffnet und es nach hinten über die Schultern heruntergestreift hatte. Sie legte ihre Fingerspitzen unterhalb der Schlüsselbeine ganz zart auf meine Brust und liess sie langsam nach unten gleiten, wobei sie mich ihre Fingernägel spüren liess. Auf dem Weg nach unten streiften ihre Fingernägel meine Brustwarzen. Ein Lustschauer durchflutete mich. Ich atmete tief ein und wieder aus.
«Magst du das?», flüsterte sie, ohne mich anzuschauen, und liess ihre Hände in unserem gemeinsamen Schoss ruhen.
«Ja.»
«Ich mag das auch», flüsterte sie, schloss ihre Augen und lehnte sich leicht nach hinten.

Ich schlüpfte aus den Ärmeln meines Hemdes und begann ihr Kleid, das vorn durchgeknöpft war, zu öffnen. So langsam, wie sie es mit meinem Hemd getan hatte.
«Nicht so schnell!», sagte sie. Okay, nicht so schnell.
«Wie bei der Massage im Seminar», hörte ich Macho denken. Er und ich hatten dasselbe gespürt und hielten inne.
«Liebe nörgelt nicht», sprach Herz traurig zu mir. «Aber wir geben nicht auf.»
«Worauf wartest du?», fragte Lilian leicht irritiert. Ich atmete tief durch.
«Vorsicht!», meldete sich Kopf. «Themawechsel!»
«Danke, Kopf! Und welches Thema?»
«Brüste!», sagte Macho
«Ich sehe deine Brüste.» Sie lächelte und lehnte sich noch weiter nach hinten, indem sie sich auf meinen Knien mit beiden Händen abstützte. Dadurch öffnete sich ihr Kleid, sodass ich ihre Brüste sehen konnte. Bei ihrem Anblick durchflutete mich erneut die Lustwoge von vorhin, nur heftiger. Ich öffnete Knopf um Knopf, und langsam gab das Kleid die Sicht frei auf ihren perfekt proportionierten, gleichmässig gebräunten Körper, der nun ganz geöffnet meinen Blicken preisgegeben war. Ich atmete ihren Duft ein. Diesmal überrollte mich die Lustwoge überraschend heftig und schüttelte mich gnadenlos durch. Ich spürte, dass Macho ganz mit mir verschmelzen wollte, um endlich zur Sache zu kommen. Ich atmete mehrmals ein und aus, um zu mir zu kommen.
«Berühren ist gut.» Die leise Stimme von Herz drang durch das Rauschen meines Blutes. Herz hatte recht. Ich legte meine Fingerspitzen, wie sie es vorhin getan hatte, an ihre Schlüsselbeine und liess sie nach unten gleiten, über ihre Brüste hinunter, und liess sie meine Fingernägel spüren, als ich bei den gross und hart vorspringenden Knospen ihrer Brüste vorbeikam. Sie stöhnte leise auf und atmete in meine Berührung. Meine Hände glitten zart weiter über ihren gespannten Bauch

bis hinunter zum weit geöffneten Schoss. Dort liess ich meine Hände locker nach oben geöffnet ruhen.
Wir hatten nun einen gemeinsamen Rhythmus gefunden und durchliefen alle Schritte einer stimmigen Annäherung, ohne dass Lilian etwas beanstandete. Schliesslich tanzten wir gemeinsam, als wir unsere Kleider ganz abgelegt hatten, in ihr Schlafzimmer und sanken in ihr Bett. Wir massierten uns. Wir betrachteten einander mit grosser Aufmerksamkeit und gegenseitiger Achtung. Wir berührten uns immer wieder und wieder, bis Macho irgendwann die Führung übernahm und sie sich seinem Willen willig unterwarf. In dieser Nacht stand ich meinen Mann. Jedenfalls schien es mir so, als ob sie sich ganz auf meinen Rhythmus eingelassen hätte, um ihn so souverän zu steuern. Ich spürte eine grosse Erfahrung in ihren Bewegungen und lernte schnell von ihr. Denn ich wollte lernen. Das war Macho nicht ganz recht, aber nach einigen Versuchen zu rebellieren, hatte ich ihn so weit, dass er mitmachte und sein Verhaltensrepertoire erweiterte.

Leb wohl!
Ich blieb mehrere Tage und lernte lustvoll. Aus den Tagen wurden viele Wochenenden.
Es war nach einem Vierteljahr, glaube ich, als sie mich bei einem Spaziergang bei der Hand nahm und mit leiser Stimme sagte: «Ruedi, ich muss dir etwas gestehen.»
Ich erschrak, aber sagte ruhig: «Erzähle!»
Sie gestand mir, dass sie nicht als Reiseführerin ihr Geld verdiente, wie sie mir gesagt hatte, sondern als Mitarbeiterin in einem exklusiven Tantra-Massage-Klub.
«So, jetzt ist es heraus.» Sie blieb stehen und wandte sich von mir ab. Ich stand da wie vom Donner gerührt. Das also war die Quelle ihres virtuosen Könnens, vor allem ihrer Fähigkeit, mich als Mann so zu steuern, dass ich lernte, über meinen Atem das Liebesspiel nahezu beliebig zu verlängern. So war

das also. Sie hatte neben mir viele andere Männer, denen sie sich verkaufte. Aber neben diesem heftigen Schmerz gab es noch ein anderes Gefühl: Hey, wer hat denn schon so eine ungewöhnliche, erfahrene Meisterin, von der ich doch immer geträumt hatte?
Ich trat dicht hinter sie und nahm sie fest in die Arme und drückte sie an mich.
«Wie ist das gekommen?», fragte ich nach einer Weile.
Da brach ein Damm, und sie erzählte mir von ihrer harten Jugend, dass sie von den Eltern verstossen worden war, wie sie sich eine zweifelhafte spirituelle Gruppierung als Ersatzfamilie ausgesucht hatte, in völlige Abhängigkeit geraten war und schliesslich mit letzter Kraft den Absprung geschafft hatte.
Ich will dem Leser und Lilian die deprimierenden Einzelheiten ersparen. Sie hatte ein schreckliches Schicksal auf sich gezogen, ein Schicksal, wie es leider gar nicht so selten vorkommt in Europa.
Ich wurde von tiefem Mitgefühl ergriffen. Gleichzeitig spürte ich so deutlich wie nie zuvor, dass mein Herz ein mitfühlendes war. Das empfand ich als grosses Geschenk, denn ich hatte immer wieder das Gefühl gehabt, dass mein Herz kalt sei. Es jubelte in mir auf: «Ich bin nicht kalt! Ich kann mitfühlen! Ich kann lieben.»
«Willst du mich noch? Willst du noch mit mir zusammenbleiben, Ruedi?»
«Lilian, irgendwann wirst du eine Entscheidung treffen müssen, in welches Leben du gehörst. Das wird dir das Leben selbst zeigen. Ich werde mich nicht aus irgendwelchen moralischen Gründen von dir abwenden, die gibt es für mich nicht, aber letztlich kann ich dich nicht teilen mit anderen Männern, das sagt mir mein Herz. Lass dir Zeit!»
Sie war erleichtert und ganz weich.
«Ich möchte dich nicht verlieren!»

Nach diesem Geständnis nahm unsere Beziehung eine merkwürdige Wendung.
Immer öfter versuchte sie mich als die erfahrene Frau, die sie ja ohne Zweifel war, durch fein dosierte und platzierte Korrekturen, wie ich sie bei der ersten Massage, beim ersten Treffen schon erlebt hatte, so zu bestimmen, so zu erziehen, wie sie mich haben wollte. Sie wollte mich bemuttern, mehr Zeit mit mir verbringen, und ich fühlte mich dadurch immer mehr eingeengt und eingeschränkt.
Irgendwann war es dann so weit, dass die lang aufgebaute Spannung sich entlud in einem heftigen Trennungsgewitter.
Wir hatten vereinbart, dass ich sie um zwei Uhr mittags bei ihr zu Hause abholen sollte zu einem gemeinsamen Termin. Wir hatten auch vereinbart, dass jedes bei sich zu Mittag essen würde, damit wir ohne Zeitverlust losfahren konnten.
Ich kam bei ihr zu Hause an, die Tür war offen. Ich betrat die Wohnung und rief: «Hallo!» Man sah, dass sie noch nicht fertig war, und ich hörte sie irgendwo herumrumoren. Ich setzte mich ins Wohnzimmer, das zur Küche hin offen war, und nahm mit einem Seitenblick wahr, dass dort Chaos herrschte. Ich wurde ungeduldig.
«Ruedi», hörte ich dann ihre Stimme aus dem Schlafzimmer, «Kannst du noch schnell die Küche für mich machen!» Das war keine echte Frage, sondern ein Befehl.
«Nein!», kam meine klare Antwort aus der Tiefe, ohne jedes Nachdenken. «Mach dein Chaos selber weg!»
Ein kurzer Moment der Ruhe vor dem Sturm, dann brach das Wutgewitter los.
«Du Arschloch, was glaubst du eigentlich, wer du bist!»
Ich hörte, wie eine Keramikvase gegen die Schlafzimmerwand krachte.
«Du Idiot, du bist dir wohl zu gut, hier im Haus etwas zu tun!», schrie sie. Und in diesem Ton ging es noch weiter. Seltsam ungerührt stand ich nach einer Weile auf, rief «Tschau!» und

verliess die Wohnung, die ich danach nie wieder betreten habe. Macho lief neben mir her zum Auto und meinte trocken: «Das wars dann wohl. Schade, aber du bist zu dir gestanden. Das ist super, Kumpel!»
Ja, das war es dann wohl gewesen. Und ich hatte in der Tat zu mir gestanden. Es ging nicht mehr, und ich hatte mich entschieden, dazu zu stehen.
Nachdem sie sich beruhigt hatte, fuhren wir in getrennten Autos zu unserem Termin. Während eines gemeinsamen Spaziergangs in der Abenddämmerung fand ich die richtigen Worte, um ihr zu sagen, dass ich mich eingeengt fühlte durch ihr ständiges Bemuttern und Nörgeln. Sie konnte das auch annehmen. Wir verabschiedeten uns voneinander mit einem liebevollen, achtungsvollen Kuss.
«Leb wohl!»
«Leb wohl!»
Wir lösten uns von einander und gingen jedes seinen Weg.

Ciao, hombre!
Mein Weg führte mich in eine Clownschule. Ich wollte spielen. Die Sehnsucht, zu springen wie meine Delfine, war übermächtig geworden. Und während ich diese Clown- und Powerschule, die härteste Schule, die ich in meinem Leben je gemacht habe, besuchte, wandelte sich mein Verhältnis zu Frauen, nicht spektakulär, aber grundlegend. Nicht ich quälte mich mehr damit ab, einen Flirt zu beginnen mit einer Frau, die mich interessierte, sondern offenbar hatte ich als Clown eine so männliche Ausstrahlung gewonnen, dass Frauen den Flirt mit mir suchten. Das war ein ganz neues Gefühl der Souveränität. Macho hatte beim Sprung auf die Bühne, unter Schmerzen zwar, aber stetig, dazugelernt. Sein Stehvermögen war gewachsen. Sein Rollenrepertoire hatte sich vervielfacht und verfeinert.
Ich hatte auf der Bühne eine wilde Lust entwickelt auf eine

verrückte Frau, eine Frau, mit der ich springen konnte, ohne zu wissen, wo wir landeten und welches Spiel der nächste Moment erforderte. Diesen Wunsch schickte ich in den Himmel, immer wieder und wieder, bis ich ihn endlich wieder loslassen konnte.

Als Clown verkleidet hatte ich mich ins Luzerner Fasnachtsgetümmel gestürzt. Es war schon nach Mitternacht und das Gedränge in einer der engen Gassen war gewaltig, als ich rückwärts gegen eine Frau gedrückt wurde. Dass es eine Frau war, konnte ich deutlich spüren. Es war kein Ausweichen möglich. Plötzlich schlangen sich von hinten Arme um mich und hielten mich fest. Ich schaute an mir herunter und sah die Hände, die zu den Armen gehörten. Kräftige, schöne Frauenhände, ohne Ring. Durch das allgemeine Stimmengewirr hindurch hörte ich sie hinter mir lachen.
«Der gehört jetzt mir!», sagte sie offenbar zu einer Freundin, die ich nicht sehen konnte. Beide lachten dieses Beste-Freundinnen-Lachen, das den Mann total ausschliesst. In diesem Moment liess der Druck der Menschenmasse nach und wir konnten wieder frei atmen. Ich packte beide Frauenhände und riss sie auseinander, liess die eine Hand los und drehte mich und ihren Arm mit festem Griff um, sodass sie sich um die eigene Achse drehen musste. So hatte ich sie nunmehr im Polizeigriff vor mir stehen.
«Die gehört jetzt mir!», echote ich und drehte sie mit Schwung zu mir um, ohne sie loszulassen. Sie schaute in ein Clowngesicht mit roter Nase, und ich in ein sehr verwegenes, sehr erstauntes, sehr schönes Frauengesicht.
Ich grinste sie an, sie grinste zurück. Sie befreite ihre Hand mit einem heftigen Ruck.
«Ciao, hombre!», lachte sie mir ins Gesicht, wandte sich ab und verschwand in der Menge. Ich blickte ihr nach. Sie hatte Reitstiefel an.

«Hey, Birgit, warte doch!», rief die Frau, die ich jetzt erst als ihre Freundin wahrnahm. «Weg ist sie», konstatierte sie unaufgeregt. «Das macht sie öfter so», wandte sie sich entschuldigend an mich. «Sie macht immer, was sie will.»
«Kennst du sie gut?», fragte ich sie auf gut Glück.
«Ja, sehr gut sogar.»
«Hast du mir ihre Telefonnummer?», fragte ich dreist weiter.
«Die geb ich dir nicht!», sagte sie sehr bestimmt. Sie drehte sich um und ging weg.
Birgit hiess sie also.
«Die wärs gewesen!», meldete sich Macho aufgeregt zu Wort.
«Los, hinterher, alter Clown! Schwing die Hufe!», befahl er.
Ich gab ihm recht und ging in die Richtung, wo Birgit in der Menschenmenge verschwunden war. Ich spürte immer noch ihre Arme um mich, ihr Hände und ihren spöttischen Blick, als sie «hombre» zu mir gesagt hatte. Es hatte sich wie ein Ritterschlag angefühlt. Ich liess die Blicke schweifen. Aber sie war und blieb verschwunden.
Ich liess mich weiter durch die Gassen treiben, und gegen Morgen traf ich einen Bekannten, den ich schon längere Zeit nicht mehr gesehen hatte. Wir plauderten und stellten fest, dass wir beide hungrig waren. Er kannte ein Restaurant, das um diese Zeit, es war gegen fünf Uhr, Frühstück anbot. Ich war hellwach, überwach, wie das so ist, wenn man den toten Punkt um drei Uhr nachts überstanden hat.
Wir betraten das Restaurant, und da sassen sie beide, Birgit und ihre Freundin. Mein Bekannter ging zu dieser hinüber an den Tisch und begrüsste sie. Wie im Traum gesellte ich mich dazu.
«Hey, da ist ja mein Clown!» Birgit lachte, und ihre Freundin stimmte mit ein. Solange die beiden zusammen waren, hatte ich keine Chance. Aber ich – oder war es Macho? – hatte eine gute Idee. Mein Bekannter und ich setzten uns an einen der Nebentische und bestellten ein Frühstück.

«Kennst du die Birgit?», fragte ich ihn.
«Ja, das ist eine Verrückte.»
«Weisst du, wie sie heisst?»
Er nannte mir ihren Nachnamen.
Das genügte mir. Ich ass mein Frühstück und kümmerte mich nicht weiter um die beiden Frauen. Ich verabschiedete mich, fuhr mit dem ersten Zug nach Hause und schlief mich aus. Am Abend suchte ich im Internet nach der Telefonnummer von Birgit und fand sie auch. Ich war mir sicher. Ich wählte die Nummer, und sie meldete sich tatsächlich.
«Hier ist dein Clown», sagte ich trocken.
«Aber hallo!» Ihre Stimme klang etwas zittrig.
«Ausgeschlafen?», fragte ich und setzte sofort nach: «Ich will dich sehen. Allein und ohne Maske.»
Sie schwieg einen kleinen Moment. Dann lachte sie.
«Also gut, dann komm. Ich warte auf dich. Aber nicht zu lang.»
Sie nannte mir ihre Adresse.
«Ich komme.»

Nach dieser ersten wilden Nacht begann eine ebenso wilde Zeit. Birgit war eine Frau, die «pfiiffegrad» sagte, was sie dachte. Ich hatte sie einmal mitgenommen zu einem Yoga-Abend.
«Das ist doch völliger Mist», meinte sie. «Weichspüler!»
Keine Show, keine Maske, kein Verbiegen für den anderen. Sie lebte, was sie interessierte, was ihren Bedürfnissen entsprach. Sie versteckte nichts. Auch nicht ihren Noch-Lebensgefährten, einen verkoksten Schauspieler. Unglaublich! Was hatte sie denn an dem gefunden! Aber sie rechtfertigte sich nicht. Sie wollte nicht mit mir über richtig oder falsch streiten. Ich spürte, dass sie den Mann in mir suchte, der dasteht und ihr standhält. Der brave, liebe Ruedi war nicht mehr gefragt.
Ich liebte sie. Und wie ich sie liebte!
Immer wieder prüfte sie mich durch verrückte Eskapaden. Ich schaute hin und zeigte ihr meine Grenzen, wenn sie mich

überrennen wollte. Es gab heftige Auseinandersetzungen, aber ich lernte von ihr, mit offenem Visier zu streiten.
Ich genoss diese Auseinandersetzung und dieses Gefühl von «Ich kann als Mann dastehen». Unsere Beziehung lebte, und ich merkte, dass ich als Mann für die Frau viel interessanter bin und sie sich das wünscht, ja mich regelrecht dazu herausfordert, wenn ich auch mal aggressiv, böse, dreckig, Macho, konsequent und gefährlich war. Sie wollte, dass ich ihr das Gefühl gab, dass ich Mann und Beschützer bin!
Zwischen uns war kein Konkurrenzdenken, kein Wettbewerbeln, kein Kampf, sondern sie wollte und forderte mich heraus: Dastehen!
Sie suchte immer wieder die Sicherheit, die Gewissheit – sie war mir nie sicher! – aber sie liess mich auf meinem Weg.
Der wilde Mann hatte seine wilde Frau gefunden.
Ich war stolz auf mich.
«Das kannst du auch!», knurrte Macho. «Wir sollten es Pierre erzählen!»

Kapitel 6

Die Lust am Scheitern

Es war schon immer mein Herzenswunsch gewesen, bei einem Strassentheater mitzumachen. Freude am Spielen hatte ich als ehemaliger Fussballer immer gehabt, mein Leben war das Spiel, allerdings ein Spiel, das immer Hochleistung von mir gefordert hatte. Als ich mich entschied, bei einem Clown in die Lehre zu gehen, hatte ich die unbestimmte Ahnung, dass ich noch nie wirklich gespielt hatte. Und ich wollte spielen – springen wie meine Delfine.

Der Sprung auf die Bühne
Als ich im Galli Theater in Frankfurt in den Theatersaal trat, staunte ich nicht schlecht: ein richtig grosses Theater mit einer grossen Bühne!
«Da oben wirst du eines Tages stehen und spielen», ging es mir durch den Kopf.
«Clown werden, das geht nicht. Du kannst nur Clown sein.»
Mit diesen Worten beendete Krispin, unser Clownlehrer, die Vorstellungsrunde. Zwölf Menschen, neun Frauen und drei Männer, hatte die Spiellust und die Neugier auf den Clown zusammengeführt.
Und dann kam der Hammer! Kaum war die kurze Begrüssungsrunde zu Ende, da verkündete unser Clownlehrer:
«So, jetzt gehts los! Jeder von euch wird heute Abend auf die Bühne steigen und eine Szene aus seinem Leben spielen, wo er gescheitert ist. Nur nicht drängeln, es kommt jeder dran!»
«Wie bitte?», durchzuckte es mich. Mir stockte der Atem.
Wir sollten jetzt einfach auf die Bühne gehen? Und vorspielen? So war es! Da sassen wir wie Zuschauer vor der leeren, grossen Bühne. Doch es würde niemand für uns spielen, sondern wir für uns.

«Da soll ich hinauf und vor den anderen den Clown machen? O Gott! Da kann ich mich doch nur blamieren, ich kann ja noch nichts! So habe ich mir das nicht vorgestellt!», rasten mir die Gedanken durch den Kopf.
Am liebsten wäre ich abgehauen, wieder nach Hause gefahren! Dieses Vorspielen stresste mich total.
Es war ein ernüchternder Moment, als es darum ging, wer als Erster spielt. Mir wurde schmerzhaft bewusst, dass ich trotz all meiner bisher gemachten Erfahrungen immer noch ein Meister des Verdrängens war. Meine Angst, zu versagen, mich zu blamieren, war in diesem Moment präsenter denn je.
Wir schauten einander an. «Ich sicher nicht!», sagte ich zu mir, «zuerst sollen mal die anderen schlecht aussehen!»
Das war ein Kampf, der sich ständig in mir wiederholte: «Soll ich jetzt gehen? – Nein, warte noch einen ab und dann…!»
Ich kam mir vor wie auf dem Fünfmetersprungturm; je länger ich überlegte, ob ich springen sollte und dabei runterschaute auf die weit unter mir liegende Wasseroberfläche und mir dabei alle möglichen Schreckensszenarien durch den Kopf jagten, umso zögerlicher und ängstlicher wurde ich.
Immer mehr Gedanken drehten sich in meinem Kopf, und meine Knie wurden immer weicher und weicher. Aber irgendwann würde auch ich dran sein, der Druck, auf die Bühne zu gehen, wurde immer grösser, steigerte sich bis ins Unerträgliche – da sah ich plötzlich das Bild von Häuptling Thunder Strikes, und ich hörte ihn zu uns sprechen: «Den schnellen Gedanken folgen und so dem Zweifel keine Chance geben; entscheide dich aus der Position von Stärke und Entschlossenheit!»
Wie einen Film, nur viel schneller, durchlebte ich all die Erfahrungen, die ich gemachte hatte, und «hörte» die Botschaften noch einmal, die mich erreicht und weitergebracht hatten, so auch Yamatos Stimme aus der Stille: «Geh immer aufs Schwierige zu, am Schluss beginnt es, mach es einfach!»
Fest entschlossen stand ich auf, ohne weiter nachzudenken,

und ging auf die Bühne. Die Rolle des Entschlossenen einzunehmen, war nicht so einfach, mir stand ein leicht gequältes Lächeln ins Gesicht geschrieben – hatte ich jedenfalls das Gefühl. Und die Gedanken: «Wie spiele ich das? Hoffentlich kommt das gut! Kann ich das?», waren schneller als mein Gang auf die Bühne, sie überholten mich und waren vor mir auf den Brettern und erwarteten mich dort. Das war zu viel: Irgendwie bleib ich mit dem linken Fuss an der letzten Stufe hängen, was zur Folge hatte, dass ich auf die Bühne stolperte. Tosendes Gelächter im Zuschauerraum über mein unfreiwilliges Scheitern.
Mein Gott, war das peinlich. Was mussten die von mir denken! Ich ging in die Mitte der Bühne und spürte die Hitze des Scheinwerferlichts. Dementsprechend unsicher und verkrampft spielte ich eine kleine Szene aus meinem Leben, die meine damalige Frau gern zur allgemeinen Erheiterung in Gesellschaft erzählt hatte und die mein gestörtes Verhältnis zur Technik zum Thema hatte: Sie hatte mich gebeten, eine Glühbirne in einer Aussenbeleuchtung im Garten zu prüfen. Sie stand auf dem Balkon und schaute zu mir hinunter. «Du musst sie schütteln und hören, ob sie ein Geräusch macht. Dann ist sie nämlich kaputt.» Ich schraubte die Glühbirne heraus, schüttelte sie und hob sie dann ans Ohr – und hörte natürlich nichts. Diese Geschichte fanden alle immer sehr lustig, und es schmerzte mich nicht sonderlich, wenn man darüber lachte. In technischen Dingen zwei linke Hände zu haben, gehörte zu meinem Image.
Ich bekam freundlichen Applaus, verbeugte mich und ging erleichtert wieder zu meinem Platz zurück. Ich fühlte mich seltsam beschwingt und gut durchblutet.

Mach Fehler!
Nach dieser ersten Spielrunde sprach Krispin zu uns über das Clownsein:

«Geh frech raus!», sagte er. «Zeig dich, wie du bist, mit all deinen Stärken und Schwächen. Das macht dich nicht nur sympathisch, sondern auch menschlich! Der Clown darf, ja muss, seine Schwächen auf die Bühne bringen, dann lebts, dann wird es spannend!
Mach Fehler! Der schlimmste und einzige Fehler, den du nicht machen solltest, ist zu versuchen, keinen Fehler zu machen. Lerne, mit Fehlern umzugehen, und mache so aus einer kleinen vermeintlichen Niederlage einen ‹grossen› Sieg.
Schau, das Leben ist doch wie ein Spiel, das immer wieder zum Scheitern führt. Das kannst du nicht verhindern, es ist ein ständiges Auf und Ab, gespickt mit vielen kleinen und grossen Siegen, immer wieder mit Erfolgserlebnissen, aber auch mit vielen kleinen und grossen Niederlagen. Immer wieder scheitern, so ist es, mach dir keinen Stress, geniess es, hier zu sein.
Geh einfach auf die Bühne, ohne zu viel zu überlegen, ohne irgendetwas zu erwarten, raus aus dem Kopf, rein in den Körper, entspanne dich, atme, vertraue dir und spiele dich frei! Keine Angst, mach es einfach, du hast nichts zu verlieren!»
Diese Worte beruhigten, verblüfften und faszinierten mich.
Das heisst doch, ich darf Fehler machen – wow! – völlig neu! Ich habe was anderes gelernt respektive das Leben hat mir was anderes beigebracht! Diese Botschaft war unglaublich befreiend für mich. Sie nahm mir sehr viel Druck weg: «Hey, ich darf Fehler machen!»
Bei diesen Worten und gerade durch diese Erfahrung meines ersten Scheiterns auf der Bühne ist mir nochmals so richtig bewusst geworden, wie mich bis dahin die eigene Erwartungshaltung, die Überzeugung, immer perfekt sein zu müssen, keine Fehler machen zu dürfen, einen guten Eindruck machen zu müssen, unter Druck gesetzt und letztendlich blockiert hatte – alle Lockerheit, Leichtigkeit und Spielfreude geht so verloren. Wieder merkte ich, dass ich mich selber bremste, dass ich nur zögerlich den ersten Schritt mache! Das war der

Panzer um mein Herz, und den wollte ich endgültig sprengen, um zu springen wie meine Delfine in meiner Vision, um frech zu sein.
Das Verrückte an dieser intensiven Ausbildung war: Obwohl man Fehler machen durfte, ja, wir wurden geradezu dazu eingeladen, brauchte es für mich dennoch jedes Mal viel Mut und Überwindung für ein klares «Ja, das mache ich!». Dabei spürte ich, wie tief diese Angst zu scheitern wirklich sitzt, die Angst, Fehler zu machen, sich zu blamieren, nicht gut genug zu sein, aber auch die Angst, sich jedes Mal der schonungslosen Kritik unseres Lehrers auszusetzen! Vor der Gruppe kritisiert zu werden, war für mich wirklich unangenehm, das tat einfach weh. Ich empfand das zu Beginn so wie Schläge, die ich einstecken musste; sie annehmen zu lernen, das war schwierig für mich.

Mit jedem Mal auf die Bühne springen und mich zeigen in meiner Unvollkommenheit, meinen Schwächen entwickelten sich langsam meine Nehmerqualitäten!
Irgendwann hatte mein Kopf und somit mein Körper gelernt, dass Fehler zum Spiel, zum Leben gehörten.
Schlau, wie der Clown Ruedi war, wusste er, wie wichtig es ist, sich auf den Fehler, der kommen musste, mental vorzubereiten: Akzeptieren, atmen, im Körper bleiben und entschlossen weitergehen.
Ich lernte, Fehler auf der Bühne und die anschliessende Kritik auszuhalten und anzunehmen. Ich liess mich irgendwann durch Kritik nicht mehr verunsichern, sondern sie spornte mich an, es das nächste Mal besser zu machen. Ich lernte einzustecken ohne gleich alles in Frage zu stellen oder umzufallen.

Das Spiel zu Ende spielen!
Zum Glück ging es allen so wie mir! Wir wurden eine Schicksalsgemeinschaft, zu einem starken Team mit grosser gegenseitiger Hilfsbereitschaft, aber auch Respekt. Es gab so viele ergreifende

Szenen auf der Bühne, wo wir als Zuschauer mitlitten, hin- und hergeschüttelt zwischen Lachen und Weinen.
Und wir machten Fortschritte. Eine grosse Hilfe war für mich das Prinzip der Übertreibung. Wenn der Clown weint, dann weint er aber richtig und fordert Tröstung, wenn es sein muss, mit Drohungen. Wenn der Clown tröstet, dann tröstet er und tröstet immer heftiger, bis es dem Getrösteten zu viel wird, aber das stört den Clown nicht, er tröstet weiter.
Der Clown verführt – und wie er verführt! –, er kennt keine Grenze, kein Tabu, er bleibt dran. Er spielt jedes Spiel zu Ende bis zur Katastrophe, dort stehen bleiben, aushalten, dranbleiben, nicht ausweichen, bis etwas Neues entsteht, bis das alte Spiel umschlägt in ein neues.

Eindrücklich erlebte ich so einen Rollenwechsel, als ich eines schönen Vormittags in einem Clownspiel auf der Bühne lange, zu lange, der liebe, brave Clown gewesen war, der alles machte, was der andere von ihm wollte, bis ich am Boden kauerte und der andere Clown mich als «Böckli» benutzte. Er setzte mir seinen Fuss auf den Nacken, um hochzusteigen. In diesem Moment spürte ich, wie eine gewaltige Wut in mir hochstieg. Und jetzt zahlte sich das tagelange Üben aus. Ich war wach genug, um diese Wut zu nutzen für einen bewussten Rollenwechsel. Ich blieb noch in der Rolle des Böckli, aber die Wut gab dem Böckli eine neue Perspektive und Eigeninitiative.
«I helf dir!», sagte das Böckli und packte den Fuss auf seiner Schulter und hielt ihn fest. Das Böckli stand ganz langsam auf und hielt den Fuss auf der Trittstufe, der Schulter, fest.
«Höher, höher, immer höher!», sagte das Böckli. Der Besitzer des Fusses musste das Bein notgedrungen immer höher strecken. Denn er stand ja nur noch auf einem und konnte deshalb nicht fort!
«I helf dir!», sagte das Böckli wieder und trat mit seinem Fuss auf den am Boden gebliebenen Fuss des anderen, bis der in

einem Fast-Spagat aufgespannt war. Als guter Mitspieler hatte er sich ganz demütig in diese Katastrophe hineinmanövrieren lassen und hatte den Rollenwechsel vom übermütigen, rücksichtslosen Täter zum hilflosen Opfer vollzogen. Ich, das Böckli, spürte die ungeheure Kreativität der Bosheit, die sich im Rollenwechsel aus der rohen Wut in pure Spiellust verwandelt hatte.
«I helf dir! Kumm mit!»
Das Böckli drehte sich jetzt um, ging los und nahm das Bein des anderen auf der Schulter mit. Der musste notgedrungen auf einem Bein mithüpfen.
Der Leser mag sich die weitere Entwicklung des Spiels selber vorstellen, je nachdem, in welche der Rollen er sich hineinversetzt fühlt. Das Publikum tobte vor Lachen. Wir Spieler surften auf dieser Heiterkeitswoge von einer Katastrophe in die nächste.
Es war so einfach!
Und der Treibstoff war die Bosheit! Welche Erleichterung für mich, endlich einmal die Rolle bewusst gewechselt zu haben vom Braven, Ewignetten, in den Bösen, den Täter. Und zu spüren, dass diese Bosheit für mich etwas Kreatives, etwas Kraftvolles ist. Welche Entdeckung!
Plötzlich erschien mir mein bisheriges Leben in einem völlig neuen Licht. Mir war jetzt klar geworden: Ich hatte immer wieder versäumt, zu mir und zu meinen Gefühlen zu stehen, mich auch mal bewusst zu entscheiden, meine Wut, meine Aggressionen, meine Enttäuschung zu zeigen, mal zu wechseln vom Braven in den «Bösen». Ich hatte immer die Angst vor den Konsequenzen gehabt, wenn ich «böse» werde, laut und aggressiv, dass ich dann zerstöre, alles kaputt mache, alles verliere. Und nun bei diesem Umschalten von brav auf bös, oder einfach mal unnachgiebig, mal streng sein, hatte ich erlebt, dass genau das Gegenteil geschieht: Es entsteht etwas Neues, Lebendiges, Spannendes, manchmal etwas Lustiges, wenn ich meine Wut nutze und boshaft in meiner Kraft bin.

Und mir selber tat es gut, ich hatte das Gefühl, dass es lebt, dass ich lebe.

Die Lust, frech zu sein
Von da ab gab es kein Halten mehr, ich wurde regelrecht süchtig danach, den Rollenwechsel auf der Bühne zu erleben, diesen einzigartigen Moment des Umschaltens, der alles ins Fliessen bringt. Am besten bin ich gefahren, wenn ich einfach schnell entschlossen reinsprang, so gab ich meinen Zweifeln und Ängsten keine Chance.
«Es einfach machen!»
Mich mit mir und meiner Hemmung analytisch auseinanderzusetzen, half mir nicht wirklich, im Gegenteil: Ich blieb im Kopf gefangen. Das kannte ich: Wenn ich zu viel hin und her überlege, wird alles so kompliziert, so normal, so langweilig, es lebt nicht, an Stelle von spontan, überraschend, einfach, lebendig, eben frech…

Der erste Schritt auf die Bühne blieb für mich immer der schwierigste. Aber wenn ich den Schritt auf die Bühne getan hatte und einfach spielte, spürte ich jedes Mal, nachdem ich es gemacht hatte, eine unglaubliche Energie, Selbstvertrauen, Stolz, Befriedigung, wahre Glücksmomente; jetzt wusste ich was es heisst, «mich freizuspielen». Welche Lust!

Dadurch, dass ich ständig auf die Bühne sprang und mich zeigte, und die fantastische Tatsache, dass auf der Bühne alles erlaubt ist, eine Welt, in der es keine Verbote, keine Gebote, keine Tabus gibt, das heisst, in der ich alles ausleben kann – wo gibts das? Das fand ich geil, ich wurde immer lebendiger, blühte auf, kam so richtig aus mir heraus.

Und mir wurde auch klar, je mehr ich mich vor andern zeige und offenbare, umso mehr stärke ich mein Selbstbewusstsein.

Und je selbstbewusster ich bin, desto frecher und freudiger zeige ich mich.

Ich spürte ein Verlangen, eine grosse Lust, frech zu sein, alles auszuprobieren, alles rauszulassen. Eine Lust, zu entdecken, was alles in mir steckt, und ich entdeckte:
Mir wurde bewusst, dass die grosse Qualität für mich das Auf-die-Bühne-Springen ist und dass das viel schwieriger und wichtiger für mich ist, als mir Gedanken zu machen, wie ich auf der Bühne bin. War ich mal oben auf der Bühne, lief es!

Ich konnte das erleben in einer Szene, die ich mit einer jungen Frau spielte. Ein Spiel ohne Grenzen, ohne Rücksicht auf peinliche Gefühle, völlig hemmungslos. Kondome einzukaufen, war eine der peinlichsten Angelegenheiten, die ich im Alltag durchzustehen hatte. Das liess ich lieber die Frauen machen. Als Clown, der sich ja nicht über das gesprochene Wort verständlich machen kann, sondern auf seine Körpersprache angewiesen ist, versuchte ich nun, bei einer jungen Verkäuferin in der Drogerie ein Kondom einzukaufen. Ich zelebrierte die körpersprachliche Darstellung meines Bedürfnisses äusserst umständlich und ins Detail gehend, untermalt mit entsprechenden Geräuschen. Zunächst einmal ging es darum, der Verkäuferin klarzumachen, was ich haben wollte und für welches Vorhaben. Schon das führte zu herrlichen Missverständnissen und Peinlichkeiten, denn natürlich wollte der Clown der jungen Dame am eigenen Leibe demonstrieren, welchem Zweck ein Kondom dient. So richtig in Fahrt kam ich, als es um die Geschmacksrichtung ging. Als ich bemerkte, dass es der Verkäuferin peinlich wurde, ging ich voll rein und spielte immer präziser. Das Publikum trieb mich mit seinem Gelächter an, und ich wurde immer frecher. Als es um die richtige Grösse ging, war es für mich ein Leichtes, so richtig zu übertreiben – leider hatte sie meine Grösse nicht!

Zum ersten Mal konnte ich erleben, wie befreiend komisch es ist, sich in eine Peinlichkeit zu vertiefen, anstatt sie zu vertuschen oder zu leugnen. Herrlich! Das Gelächter der Zuschauer zu nutzen, um immer tiefer ins Scheitern einzutauchen, das sind Momente des puren Glücks und der Befreiung. Nach dieser gelungen Performance hatte ich keine Probleme mehr, «mich freizuspielen».

Das machte so viel Spass, als all das, was mich blockierte und zurückhielt, einfach weg war! Plötzlich war mir furzegal, was die andern dachten, ich setzte mich selber nicht mehr unter Druck, ich fühlte mich einfach frei – ich bin ich –, und es tat gut, keine Energie mehr zu verschwenden, um etwas Ausgedachtes, Auferlegtes aufrechtzuerhalten. Plötzlich wurde mir auch bewusst, dass ich ja gar nichts zu verlieren hatte, wenn ich mit Freude und von Herzen spiele, so kann ich gar keine Fehler machen, ich kann nur gewinnen.
Ich fühlte mich leicht, voller Energie und Tatendrang! Ich spürte, es war die Lebensfreude, die mich antrieb, und nicht der Leistungsdruck. Dabei wurde ich immer sicherer im Umgang mit Fehlern. Mein Selbstvertrauen wurde immer grösser, ich entdeckte meine Lust, aufs Schwierige zuzugehen, schlussendlich eine Lust am Scheitern – dort im Loch, im Scheitern, spürte ich eine unbändige Kraft in mir. Es kamen Momente auf der Bühne, wo ich plötzlich im Flow war, ähnlich dem Moment, als ich meine Vision, die springenden Delfine, vor mir sah.
Ich lernte das Scheitern anzunehmen, auszuhalten, das heisst, nicht gleich alles in Frage zu stellen, nervös zu werden, mich zu verkrampfen.
So entdeckte ich eine unglaubliche Kraft in mir weiterzugehen sowie einen Überlebensinstinkt – eine grosse Lust!
Als Clown entdeckte ich, welche Energien in mir schlummern, ohne dass ich mir dessen bewusst war, weil ich diese Energien bis jetzt wie ungezogene Kinder in den Keller weggesperrt

hatte: dass ich auch wütend werden kann und es auch sein darf, indem ich grosszügig mit mir bin und es mir nicht verbiete, wie bisher im Alltagsleben! Ich spürte, wie mir das gut tat. Und es machte Spass und Freude, mit dieser in mir wohnenden Energie in Kontakt zu kommen, sie zu spüren, zu befreien und zu spielen – auf die Bühne zu bringen!

Ich war als Clown mit grosser Lust griesgrämig, sanft, weich, schwach, liebesschwül oder aber aggressiv, oder einfach mal ein gewaltiger Angeber! Mir machte es auch mächtig Spass, den Loser, den Binnix, zu spielen, der alles verloren hat und so nichts zu verlieren hat, einfach zuunterst ist und jetzt nur noch gewinnen kann.

«Hey, das bin auch ich, das ist alles in mir – ich bin es! Ich bin lebendig!» Ein Gefühl, das ich lange sehnsüchtig gesucht hatte. Jetzt wusste ich, wie sich das anfühlt!

Ich folge meiner Vision
An einem Sonntagmittag war die Ausbildung zum Clown zu Ende. Wir schauten uns an und konnten es nicht glauben. Aber da sassen wir fertigen Clowns in der letzten Feedbackrunde, und die eine oder der andere hatte Tränen in den Augen. Krispin gab uns seinen Clownsegen und einen letzten Impuls mit auf den Weg:

«Wer lebt, der spielt, wer spielt, der lebt. Nur im Spiel ist der Mensch wirklich. Blamiert euch täglich und bleibt gelassen dabei. Das ist das Erfolgsrezept mutiger und erfolgreicher Menschen auf der Bühne des Lebens, die sich trauen, im Zentrum zu stehen, auch wenn die Hose rutscht!»

Ich hatte gelernt, mit dem zu spielen, was mit mir spielt – dem Leben.

Mir war klar geworden, dass das Leben auf der Bühne stattfindet und nicht im Zuschauerraum. Für mich war es jetzt Zeit, meine Bühne des Lebens zu finden.

Mit Freude, Dankbarkeit, Begeisterung und Erfüllung bin ich nach Hause gegangen, der Knoten war geplatzt. Nach dieser Erfahrung hatte ich verstanden, was Shakespeare meinte: Das ganze Leben ist eine Bühne, auf der jeder seine Rollen im Lebenstheater kreiert.

Ich folge meiner Vision und mache Ernst mit dem Spiel.
Sie können mich sogar buchen. In meinem Repertoire findet sich ein Clowntheaterstück für Kinder, *Clowns Ratatui,* und eines für Erwachsene: *Ein neuer Chef für jede Katastrophe.*

Viel Spass!

Kapitel 7

Die Zügel in die Hand nehmen

Wir hatten als Familienurlaub eine Reise nach Kanada gebucht. Kanada ist für mich ein Land der Sehnsucht: Berge, Seen, Flüsse, Prärie, Pferde, endlose Weite: Indianerland. Ich hatte es mir so schön ausgedacht. Endlich konnte ich mir den Wunsch erfüllen und auch meiner Familie zeigen, wohin mein Herz mich zog. Begeistert hatte ich alle Vorbereitungen geplant, alles Nötige organisiert und durchgezogen.
Das Leben aber hatte anderes im Sinn mit mir.
Eine Woche vor unserer Abreise – alles war vorbereitet, alles war bezahlt –, war von einem Moment zum anderen deutlich geworden: Wir werden uns trennen.
Was tun? Wir konnten uns nicht dazu entschliessen, diese Reise abzusagen. Irgendwie war ich auch erleichtert, dass ich auf diese Weise den Konflikt eine Weile auf Eis legen konnte.
So flogen wir als scheinbar intakte Familie nach Vancouver. Mein Herz war verschlossen, um den Schmerz nicht hereinzulassen, der doch unvermeidlich geworden war. Da konnte ich gegen Ende der Reise durch Zufall eine tiefe, einschneidende Erfahrung mit Pferden machen.
Pferde haben mich immer angezogen in ihrer Wildheit, ihrer Schönheit, ihrer Kraft und Schnelligkeit. Und doch war immer eine unbewusste Angst dabei, die mich auf Distanz gehalten hatte.

Ich habe nichts zu verlieren
Zu diesem Zeitpunkt war ich gerade da angelangt, wo mir alles egal war. Die bevorstehende Trennung war noch nicht vollzogen, aber eine gewisse Leckt-mich-alle-am-Arsch-Stimmung hatte von mir Besitz ergriffen. Ich hatte nichts mehr zu verlieren. Da bot mir der Zufall die Chance, auf einem Pferd zu reiten.

Nach sorgfältiger Instruktion, ich war ja Anfänger, gings gemütlich dem River entlang. Die Familie ritt voraus. Ich hinterher.
«Hoffentlich bleibt es auf dem Weg!», dachte ich und glaubte, dass das Pferd meine Angst nicht gespürt hatte! Denkste, Ruedi! Wir bogen nach rechts in den Wald, und schon gings steil bergauf. Die ersten paar Meter lief es gut, doch dann stockte das Pferd. Weil es so steil war, wollte es rückwärts gehen. Ich hatte so Schiss! Spätestens hier wusste das Pferd um meine Angst, spürte, dass ein Angsthase auf seinem Rücken sass! Das Pferd bockte und liess sich kaum führen, mein Herz raste, der Angstschweiss lief mir über die Stirn.
Ich hörte nur: «Setz dich durch, zeig, wer der Chef ist! Nimm die Zügel in die Hände, treib es, reite nach vorn!»
Leicht gesagt, dachte ich und fühlte mich gedemütigt und blossgestellt: Frau und Kinder waren schon glücklich oben angekommen und schauten meinem Scheitern zu.
Ich war völlig blockiert, sass wie ein Brett auf dem Pferd. Am liebsten wäre ich abgestiegen und abgehauen, wie so oft bei Konflikten in meinem Leben, wo ich immer wieder elegant, via Hintertürchen, ausgewichen war. Keine Chance hier. Was für eine Blamage!
Ich versuchte es immer wieder, einmal hatte ich es bis zur Hälfte den Hang hinaufgeschafft. Schnell war ich wieder unten – ich glaube, das Pferd hatte genug, es wollte lieber nach Hause.
Dann kam der Cowboy, ziemlich genervt ob dieser Zagheit, und sagte mir nochmals ausdrücklich, was ich zu tun hatte, gleichzeitig trieb er das Pferd von hinten mit der Peitsche den Hügel hinauf!
Ziemlich erschöpft, schweissnass und völlig verklebt mit der Kleidung kam ich oben an. Dort auf der Ebene gabs eine kleine Verschnaufpause.
Mein Herz raste immer noch.
Für mich war das eine Pause, um meinen Adrenalinspiegel runterkommen zu lassen, mich zu sammeln. Für den Cowboy, um

mir in einer kleinen Standpauke klarzumachen, wie ich ein Pferd zu lenken hätte:
«Das Pferd will, dass du ihm den Weg zeigst und dass es unter deiner Führung sicher nach Hause kommt. Und es will Spass haben!»
Das kam an bei mir, Spass haben wollte ich auch.
«Alles, was du zu machen hast, ist: Entspann dich und nimm die Zügel in die Hände.»
Er riss einen kleinen Ast vom Baum ab und überreichte ihn mir mit den Worten: «Wenn es nicht spurt, treib es mit der Peitsche an!»

Der Ritt durch die Prärie
Ich nahm mir fest vor, beim Nach-Hause-Reiten fest die Zügel in die Hände zu nehmen und dem Pferd zu zeigen, was und wohin ich wollte. Notfalls hatte ich ja noch die Peitsche, das gab mir ein gutes Gefühl.
Ich nahm wirklich die Zügel in die Hand, konzentrierte mich auf die Richtung, die wir uns vorgenommen hatten. Meine anfängliche Unsicherheit legte sich, und erstaunlicherweise ging das Pferd wie von allein.
Bremsen war eher angesagt als die Peitsche. Aber wie? Ich versuchte, mich zu entspannen, und irgendwie fühlte ich mich dann der Situation gewachsen, als sei ich der Old Shatterhand auf dem Rücken seines Hatatitla.
Als ich merkte, dass das funktionierte, dass ich das Pferd kontrollieren konnte, wurde ich sogar ein bisschen frech und begann zu spielen, das Pferd und mich auszuprobieren. Mal leichten Trab, dann wieder Schritt, wieder Trab, sogar einmal im Galopp! Der Cowboy liess mich einfach machen, das gab mir Vertrauen, und es machte richtig Spass. Ich liebte das Pferd, ich hätte es am liebsten umarmt. Mir wurde bewusst, dass das Tier auf mich reagierte, auf mich hörte, ja noch viel mehr: Es macht das, was ich wollte – und das ohne Peitsche!

Plötzlich schoss mir ein Gedanke wie eine Erleuchtung durch den Kopf, dass ich mich in meinem Leben (als Partner, Vater, als Trainer, als Führungskraft) bis heute nicht getraut hatte, so richtig die Zügel in die Hände zu nehmen! Ich war einfach zu ängstlich, zu unsicher gewesen. Einfach zu vorsichtig, zu brav. Das traf mich wie ein Peitschenhieb, die Erkenntnis schmerzte. Gleichzeitig war ich so glücklich, auf dem Pferd zu sitzen. Ich war verbunden mit dem Tier: Wir bildeten eine Einheit, waren beide völlig entspannt – ein ekstatisches Gefühl.
Ich erlebte, was alles möglich ist, wenn ich mutig die Zügel in die Hände nahm. Vor lauter Glückseligkeit ritten wir (ich und das Pferd), den andern weit voraus, in einem wilden Galopp durch die Prärie nach Hause. Alles war so leicht, so grenzenlos. Die Luft, die uns umbrauste, schmeckte nach Freiheit.
Ich glaubte zu spüren, dass es dem Pferd auch gefallen hatte, anders kann ich mir seine Dynamik, seine Verspieltheit und sein freudiges Wiehern zum Schluss nicht erklären!
Ich würde nie mehr vergessen, wie wichtig es ist, die Zügel in die Hand zu nehmen, und anderseits hatte ich ein Gefühl dafür bekommen, wie sehr mein Gegenüber (in der Rolle des Pferds) Führung, Sicherheit, Vertrauen braucht, ja geradezu danach schreit, und dankbar dafür ist.

Ohne dass ich es damals gemerkt hätte, hatte ich von einem Pferd etwas Wesentliches gelernt: Die Zügel in die Hand zu nehmen, ist die Voraussetzung dafür, dass es vorwärtsgeht. Ich war damals noch nicht so weit, die weiteren Konsequenzen zu ziehen. Es lag noch ein langer Weg vor mir. Aber in mir war durch diese Erfahrung in Kanada das Urbild für mein Jahre später entwickeltes Führungs- und Teamtraining, SWISS *go together*, gespeichert.

Teil 2

Das Rezept – Finden Sie zu Ihrer eigenen Frechheit

Kapitel 8

SWISS *winning* – Der Weg zum Erfolg

Der Schütze lief plötzlich an. Der Tormann, der einen grellblauen Pullover anhatte, blieb völlig unbeweglich stehen, und der Elfmeterschütze schoss ihm den Ball in die Hände.
(P. Handke: Die Angst des Tormanns beim Elfmeter)

4-4-2 ist die internationale Vorwahl für eine Verbindung, die jede Sprache versteht.
4-4-2 ist nämlich die Strategie im Fussball. Sie wird so in jeder Kultur der Welt verstanden.
Denn Fussball ist, ähnlich wie American Football, viel mehr als ein Spiel.
Es sind elf Krieger, und an der Seitenlinie stehen der Feldherr und die Strategen, um gegen elf gegnerische Krieger und einen gegnerischen General anzutreten.
Das perfekte Spiel endet immer mit null Toren – und gipfelt in der existenziellen Angst vor der plötzlichen Niederlage.

Der Elfmeter
Der absolute Höhepunkt ist dann erreicht, wenn die Strategen, Generäle, Feldherren auf einmal die Kontrolle über (fast) alles verlieren, wenn sie nicht mehr an der Seitenlinie mit ihren Armen fuchteln, sondern in völliger Machtlosigkeit leise vor sich hin zittern. Die zuvor strategisch übers Feld verteilten Spieler stehen auf einmal Arm in Arm, um sich gegenseitig aufzumuntern. Und die ganze Leistung der Mannschaft, alles, was in wochenlanger Vorbereitung besprochen, gelernt, trainiert worden ist, hängt auf einmal nur noch an einem einzigen Spieler.

Elfmeter – Fussball im Zeichen der Hochspannung, der Hilflosigkeit.
Und wenn es gar noch der entscheidende Elfmeter im Penaltyschiessen ist, dann hält die ganze Welt den Atem an. Für Sekunden zwar nur. Aber in einer Synchronizität, die das Gefühl vermittelt, die Erde stehe still. Unser Planet dreht sich dann um diesen kleinen Ball.
In keinem anderen Sport gibt es diese extreme Belastung. Nichts im Sport ist mit der Angst des Stürmers vor dem Elfmeter vergleichbar. Denn sein Gegner, der Torhüter, spielt eine Lotterie, bei der er nur zwei Felder ankreuzen muss: links oder rechts. Eine Chance von 50 Prozent also. Der Stürmer läuft an, lange zuvor hat er entschieden, auf welche Seite sein Würfel fallen wird. Er tritt den Ball, und noch vor ihm zeigt der Torhüter sein Los, längst weiss er, ob er das linke oder das recht Feld ankreuzt. Im Bruchteil einer Sekunde, aber genau gleichzeitig, brechen unbändige Freude und grenzenlose Enttäuschung aus. Ganze Länder werden in Freudentaumel versetzt oder von einem Ozean an Tränen überschwemmt. Der Elfmeter verkörpert einen Urinstinkt des Menschen. Den Kampf Mann gegen Mann.
Es ist ja nicht nur das Klischee Held oder Depp. Viel schlimmer: Nichts ist für den Stürmer zu gewinnen. Alles ist zu verlieren. Wer den Elfmeter reinhaut, wird rasch vergessen. Wer daneben trifft oder am Torhüter scheitert, wird über Generationen als Versager in Erinnerung bleiben.
Jeder Fussballfan weiss noch, wer den finalen Elfmeter im EM-Finale von 1976 zwischen Titelverteidiger Deutschland und der damaligen CSSR in den Nachthimmel von Belgard gebolzt hat. Uli Hoeness. Nach langem Anlauf, mit hartem Schuss, himmelhoch drüber.
An den Mann, der den entscheidenden Elfmeter versenkt hat, erinnert sich hingegen kaum mehr einer: Antonín Panenka.
Und jeder Italiener weiss heute noch, wer den letzten Elfmeter

nach dem WM-Finalspiel von 1994 gegen Brasilien (nach der Verlängerung stand es 0:0) verschossen hat: Roberto Baggio. Dieser Fehlschuss hat ihn, so wissen wir heute, zum tragischen Helden gemacht. Die Sekunden, in denen Baggio sich den Ball auf dem Elfmeterpunkt zurechtlegt. Wie er knapp anläuft. Wie er weit, weit übers Tor schiesst. So dramatisch, ja so theatralisch weit übers Tor, dass sich dieser Fehlschuss so ins Gedächtnis des Weltfussballs eingeprägt hat wie die schönsten Tore.
Dieses grandiose, bombastische Scheitern im wichtigsten Augenblick seiner Karriere hat ihn zum tragischen Helden und damit unsterblich gemacht. Und im Fussball, auf Spektakel, Jubel und Erfolg fixiert, gibt es so wenige tragische Helden. Sie bleiben für immer im Gedächtnis.

In seiner Form ist der Elfmeter aus der Sicht des Stürmers die ultimative Frechheit. Hier siegt Frechheit. Die Frechheit, jetzt vorzutreten und die Verantwortung zu übernehmen und sich dem grösstmöglichen Erwartungsdruck auszusetzen, den wir im Sport kennen. Die Frechheit, jetzt cool zu sein. Keine Angst vor dem Scheitern zu kennen. Sondern nur Selbstvertrauen und Stolz – den Stolz nämlich, im Zentrum des Scheinwerferlichts, des Universums zu stehen und die Verantwortung tragen zu dürfen.
Die Frechheit, jetzt den Ball einfach reinzuhauen.
Was sehr oft die Dramatik erhöht: Es gibt die frechen Spieler, die von sich aus jetzt vortreten und nicht vom Trainer geschickt werden. Hier zeigt sich der Sieger. Nur wer wie ein Sieger denkt, wer sich als Sieger sieht und wie ein Sieger auftritt, hält dieser Belastung stand. Dabei ist nicht Kraft oder Technik gefragt. Sondern Vertrauen und Entschlossenheit.
Frechheit eben.
Und der Stürmer muss so frech sein, dass er alles um sich herum einfach beiseiteschiebt. Im Kopf klar und in den Muskeln locker bleibt.

Wie kann er so frech werden? Es gibt durchaus ein Rezept: SWISS.
Bewusst atmen.
Herzschlag verlangsamen.
Innere Ruhe aufbauen.
Ganz locker bleiben.
Alles rundherum ausschalten.
Stur nur auf diesen Punkt, den Elfmeterpunkt konzentriert.
Stur nur auf diese eine Handlung konzentriert: Ich hau ihn rein!
Ein klares Bild, wie der Ball im Netz zappelt im Kopf und der Blick nur in der Tiefe, im Netz. Kein Augenkontakt mit dem Torhüter.
Keine Ablenkung.
Den Körper sprechen lassen: Ich hau ihn rein!
Denn die Körpersprache entscheidet oft in diesem Duell gegen den Torhüter.
Jedes Detail entscheidet.
Ich oder der Torhüter.
Und wenn ich so frech bin, dass ich in meinen Gedanken nur meinem Ich Platz gebe, wenn ich hundertprozentig überzeugt bin, dass ich ihn reinhaue – dann gelingt es.
Weil Frechheit siegt, wenn der Elfmeterschütze SWISS verinnerlicht hat.

Der Elfmeter steht für alle Stresssituationen im Leben.

Angst ist nichts anderes als ein Illusion
SWISS ist nicht einfach ein ausschliessliches Erfolgskonzept für torgefährliche Elfmeterschützen, sondern lässt sich 1:1 übertragen auf unzählige andere Sportarten, auf Situationen im Leben, «spielentscheidende» Momente, sogenannte Big Points, wo ich unter Druck bin, wo ich Fehler machen kann, wo ich viel zu verlieren habe und wo ich schlussendlich Angst habe vor dem Scheitern.

Wenn es etwas gibt, was sowohl auf alle Sportler wie auch auf alle Menschen zutrifft, dann ist es die Angst. Die Angst, zu versagen, die Angst, Fehler zu machen und dabei nicht zu genügen, abgelehnt zu werden oder sich zu blamieren. Diese Angst potenziert sich mit dem öffentlichen Erwartungsdruck.

In der Regel sind es eingebildete Angst- und Katastrophenfantasien, eine negative oder überhöhte Erwartungshaltung, die Vorstellung dessen, was alles im negativen Sinne passieren könnte, die uns unter Stress, unter Druck bringen und uns lähmen.
Schlussendlich erzeugen wir die Angst in uns selbst. In den einfachen Worten von Michael Jordan auf den Punkt gebracht: «Angst ist nichts anderes als eine Illusion.»

Doch da der Sport allzu oft ein Spiegelbild des realen alltäglichen Lebens ist, kann ich natürlich die im Sport erprobten Erfolgsprinzipien auf alle Bereiche des Lebens übertragen. Jeder von uns kennt Stress im Beruf, Stress im Alltag, Stress in der Beziehung. SWISS ist das Mittel der Wahl, um Stress und Belastungssituationen jeglicher Art erfolgreich und ohne körperlichen und psychischen Schaden bewältigen zu können.

Mein Elfmeter im Alltag

Die grössten Angst- und Stressgedanken bei bevorstehenden Herausforderungen – dem Elfmeter im Alltag:

Referat:
«Hoffentlich verliere ich den Faden nicht!»

Golfturnier:
«Hoffentlich treffe ich den Ball richtig!»

Präsentation:
«Hoffentlich treffe ich den Nerv des Kunden!»

Vorstellungsgespräch:
«Hoffentlich kriege ich den Job!»

Date:
«Hoffentlich findet sie/er mich gut!»

Krisengespräch:
«Hoffentlich gehts ohne grössere Probleme über die Bühne!»

Abschlussprüfung:
«Hoffentlich bestehe ich!»

Das SWISS-Konzept

Mit den 5 SWISS-Prinzipien begegne ich Ängsten und erzeuge innere Ruhe, Gelassenheit, Vertrauen, Sicherheit, Überzeugungskraft, Entschlossenheit, Freude, Leichtigkeit und bin so der Belastung, dem Druck gewachsen.

Ich kann diese Situation/Herausforderung nicht abschaffen oder ihr ein Leben lang ausweichen oder mich verstecken.
Doch ich kann mich entscheiden, mit welcher Einstellung ich dieser Situation begegne, entweder mit Angst und Horrorfantasien – mit denen begebe ich mich auf die Verliererstrasse – oder aber mit Vertrauen, der Schlüssel zum Erfolg!

Ziel ist es, von der ersten Sekunde an mit dieser Gelassenheit, mit dieser Entschlossenheit unterwegs zu sein respektive immer wieder zurückzufinden in diesen Zustand, vor allem wenn es zählt.

Das heisst nichts anderes als: Um frech zu sein, um in der Vorwärtsbewegung zu bleiben, um dranzubleiben, brauchts ein solides Fundament an Vertrauen! Wer stark ist, kennt keinen Stress; wer sich seiner Sache sicher ist, bleibt gelassen; wer Selbstvertrauen hat, ist entspannt.

Die SWISS-Prinzipien helfen, sich stark zu fühlen.
Alles, was es braucht, um sich stark zu fühlen, ist eine bewusste und klare Entscheidung.

Das erklärte Ziel von SWISS ist, Vertrauen und innere Sicherheit aufzubauen.

Die 5 SWISS-Prinzipien

Souveränität
Team**W**ork
WInning
Kampf**S**tärke
Spass

Souveränität

Der Souveräne

Der unsäglich bedrückende Ist-Zustand: *Ich bin verkrampft.*
Zu erkennen an der Kernaussage: «Ich muss.»
Ich wirke angespannt, negativ, verbissen, blockiert, nervös, unruhig, ungeduldig, gehemmt, verschlossen, kurzatmig und ängstlich. Ich denke immer daran, was schiefgehen könnte, und empfinde jede Herausforderung als schwere Last auf meinen Schultern, lasse schnell den Kopf hängen.

Der strahlende Gewinner am Ziel: *Der Souveräne*
Der Souveräne lässt sich selbst seine Grösse spüren und zeigt sie nach aussen. Er lässt seinen Körper sprechen, und der strahlt in jeder Situation Stärke, Entschlossenheit, Mut und Zuversicht aus. Er kommuniziert über den Körper seine innere Haltung.

Ich bin entspannt, meiner selbst sicher, gelassen.
Ich ruhe in mir selbst, lasse alle Störeinflüsse von aussen, alle Ablenkungen abprallen.

Ich habe keine Angst vor Konsequenzen.
Ich dramatisiere die Situation nicht.
Ich gebe immer mein Bestes.
Nach Fehlern zeige ich Standfestigkeit, Stärke und eine kühle Gelassenheit.

Ich weiss, alles ist ein Spiel.

Ich weiss, um entschlossen nach vorn zu gehen, brauche ich Power, und die kommt aus der Ruhe, aus der Entspannung.

So trainiere ich, souverän zu sein: *Ich bin entspannt.*

Im Denken: Ich habe ein klares Bild im Kopf von mir als dem Souveränen. Ich schliesse die Augen und sehe mich dabei in meinem Inneren klar, deutlich und mit allen starken Gefühlen, im erwünschten Idealzustand. Diese innere Bild ist mein ständiger Begleiter, auf dessen Unterstützung ich vor allem in Situationen der Belastung, der Unsicherheit zurückgreifen kann.

Im Verhalten: Entspannung beginnt mit entspanntem Atmen. Langsames, tiefes Ein- und Ausatmen. Mithilfe der Atmung alles Störende, alles Belastende, Schwere (Ängste, Zweifel) ausatmen, alle An- und Verspannungen wegatmen und mit dem Einatmen den Körper aufrichten, Kraft und Energie tanken. So bin ich in meiner Kraft: im Kopf klar und im Körper entspannt. Leichtigkeit breitet sich aus.

Mithilfe der Atmung und der Körpersprache kann ich jederzeit auf Stärke, auf Entspannung, auf Entschlossenheit umschalten.

Das Banalste, aber auch Effektivste: Der Fokus auf den Atem.
So kann ich mich immer wieder entspannen.
So komme ich aus dem Kopf in den Körper.
So bin ich immer fokussiert im Hier und Jetzt.
Bei Ablenkung kann ich immer wieder zurückkommen zum Einfachen, zum Atmen, und bin so immer im Vertrauen, in meiner Kraft.

Die Körpersprache und die Gefühle hängen zusammen.
Der Körper spricht immer, er lügt nie, das heisst, er zeigt immer, wie ich mich fühle, wie meine innere Haltung ist. Er ist zu 100 Prozent das Spiegelbild meines seelischen Empfindens.

Diese Tatsache kann ich mir zunutze machen. Ich bin immer das, wofür ich mich entscheide, und fühle es. Das heisst, ich kann mich jederzeit entscheiden, mich anders, stark, zu fühlen, und der Körper richtet sich von selbst auf.
Umgekehrt kann ich mich auch entscheiden, den Körper aufzurichten, zu atmen, souverän zu sein, und ich fühle mich von selbst sofort anders, stark, gelassen und entschlossen.

Ich kann mich jederzeit entscheiden, umzuschalten von Schwäche- auf Stärkezeigen, von verkrampft auf entspannt, von zögerlich auf entschlossen, von lustlos auf freudig.
Für die Entscheidung braucht es einen Atemzug.

Durch das bewusste Aufrichten des Körpers fühle ich mich sofort stark. Und umgekehrt. Probieren Sie es aus – jetzt.
Durch bewusstes Atmen fühle ich mich sofort entspannt. Und umgekehrt. Probieren Sie es aus – jetzt!

Teamwork

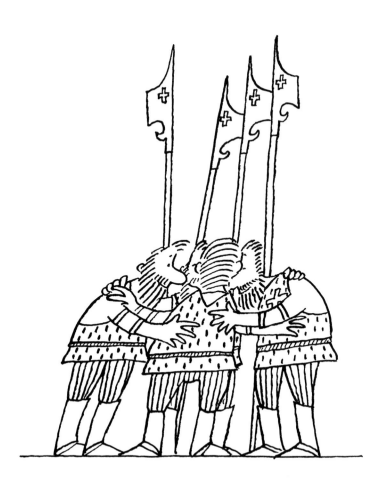

Der Teamplayer

Der unsäglich bedrückende Ist-Zustand: *Ich bin egozentrisch*
Zu erkennen an der Kernaussage: «Nur ich!»
Mein Handeln geht auf Kosten anderer, ich gehe über Leichen, ich will nur profitieren, den Erfolg nicht mit anderen teilen. Ich nehme nur und gebe nicht. Ich habe keinen Respekt und kein Verständnis für andere. Ich bin oft sehr erfolgreich, aber einsam und innerlich verzweifelt.

Der strahlende Gewinner am Ziel: *Der Teamplayer*
Der Teamplayer sucht den Kontakt, sucht Menschen, die ihn unterstützen, die ihn stark machen. Er will verbunden sein, will zu einem Team gehören, will vernetzt sein, weil er sich da stark fühlt, weil er weiss, dass er allein nichts ist! Er hat den Leitsatz der drei Musketiere verinnerlicht:
Einer für alle, alle für einen.

Er hat den Mut zum Ego, den Mut, Verantwortung zu übernehmen, frech seinen Weg zu gehen, und gleichzeitig, sich und seine Qualitäten ins Team zu integrieren, zu geben, sich unterzuordnen, dem Team zu dienen.

Der Teamplayer ist schlau, er weiss, dass er in sich selbst investiert, wenn er dem Team dient! Er weiss, dass er schlussendlich profitiert, dass alles wie ein Bumerang des Erfolgs wieder zu ihm zurückkommt.

Ich finde immer wieder die Balance von «Ich denke an mich» und «Ich denke an die andern». Ich höre auf mich, und ich höre auf die andern. Ich vertraue meinem Instinkt und bin offen für die Signale anderer.

Ich weiss, dass ich Fehler machen kann, dass ich mich in einer Krise fallen lassen kann, dass die andern da sind, dastehen, dass ich getragen und unterstützt werde.

So trainiere ich, ein Teamplayer zu sein: *Ich bin hilfsbereit.*

Im Denken: Ich habe ein klares Bild im Kopf von mir als dem Teamplayer. Ich schliesse die Augen und sehe mich dabei in meinem Inneren klar, deutlich und mit allen starken Gefühlen im erwünschten Idealzustand. Dieses innere Bild ist mein ständiger Begleiter, auf dessen Unterstützung ich vor allem in Situationen der Belastung, der Unsicherheit zurückgreifen kann.

Im Verhalten: Im täglichen, persönlichen, kleinen Ritual stelle ich mir die Frage: Was kann ich den andern im Team geben, um sie zu unterstützen und zu fördern? Dabei spüre ich die Verbundenheit mit dem Team und schule gleichzeitig das Bewusstsein: Zusammen sind wir stark!

Ich nehme mir Zeit und kümmere mich um meine Mitmenschen Das gibt mir Kraft. Ich bin neugierig auf sie, ich lerne sie kennen, ich bin tolerant und grosszügig. Konflikte löse ich, indem ich dem anderen Respekt und Verständnis entgegenbringe.

Ich bin ehrlich und offen. Ich zeige mich, wie ich bin. Ich mache Komplimente, ich lobe und unterstütze mit Wort und Tat. Ich respektiere jeden im Team, wie er ist, ohne zu belehren oder zu kritisieren.

Als Teamplayer mache ich mich selber stark für das Team, ich überlege immer, was ich dem Team geben kann, was ich zum Teamerfolg beitragen kann. Wo kann ich mich noch verbessern und was kann ich andern an Unterstützung geben, sich zu verbessern?

Als Teamplayer habe ich diese zwei Werte verinnerlicht: Respekt und Disziplin.

Respekt: Ich gehe mit den Menschen positiv um, ohne abwertende Gesten oder Worte.

Disziplin: Ich tue alles für den Teamerfolg und gebe immer mein Bestes. Ich fühle mich wie jeder im Team zu 100 Prozent für den Erfolg verantwortlich.

Winning

Der Winner

Der unsäglich bedrückende Ist-Zustand: *Ich bin nichts.*
Zu erkennen an der Kernaussage: «Ich schaffe es nicht.»
Ich erinnere mich immer an erlittene Niederlagen. Ich bin immer einen Schritt zu spät oder kopflos drüber hinweggedonnert. Ich bin feige ausgewichen und verstecke mich. Ich bin ängstlich, zögerlich, gebe nach, habe keine eigene Meinung, dafür plagen mich Zweifel, Unsicherheit, Resignation und Passivität. Reaktion statt Aktion. Ich traue mich nicht, spiele, um nicht zu verlieren.

Der strahlende Gewinner am Ziel: *Der Winner*
Der Winner trifft die Entscheidung, ein Winner zu sein, er will gewinnen, er will erfolgreich sein. Er sieht sich als Gewinner: «Ich bin ein Gewinner!» Er hat ein Bild im Kopf von sich als Gewinner. «Ich darf gewinnen, ich kann gewinnen!»

Der Winner springt auf die Bühne des Lebens, er kommt raus aus seiner Deckung, er lebt an der Grenze, er spielt mit der Grenze, er zeigt sich, er geht seinen Weg und hat das Selbstvertrauen, zu sich zu stehen.

Der Winner ist einfach, gradlinig und direkt in seinen Aktionen. Er macht konsequent das, was ihm Sicherheit gibt. Er macht sein Selbstwertgefühl nicht abhängig vom Resultat, sondern von seiner eigenen inneren Einstellung, von seinem Verhalten, seinem Willen, in jeder Situation, mag sie noch so auswegslos sein, sein Bestes zu geben.

Der Winner ist schlau, er weiss, was er will und was es braucht, um erfolgreich zu sein. Er ist auf alles vorbereitet, er ist seiner Sache vollkommen sicher, er nimmt alles vorweg, das heisst, er geht nicht dorthin, wo der Ball ist, sondern dorthin, wo der Ball hinkommen wird. Er weiss genau, wann er einfach, gelassen und geduldig bleiben muss und wann er wagemutig, risikofreudig sein kann.

Der Winner kennt das grosse Erfolgsgeheimnis von Winning. Egal, ob er auf der Erfolgswelle reitet oder in der Krise steckt, er ist mit der richtigen Intensität unterwegs, mit der für ihn richtigen Mischung zwischen gelassen und entschlossen, zwischen Entspannung und Anspannung, zwischen geduldig und aktiv, zwischen Ruhe und Anstrengung, zwischen Herz und Biss. Er lebt diese Intensität ab der ersten Sekunde, und er geniesst es.

Ich bin bereit, für mich und meine Ideen durchs Feuer zu gehen, ich habe mich innerlich verpflichtet, mein Bestes zu geben, mein Leben dafür einzusetzen!

Als Winner weiss ich um die gewaltige Kraft der Aggression in mir. Ich habe sowohl einen direkten Zugang wie auch einen konstruktiven Umgang mit meiner Aggression als Ausdruck meiner Kraft, meiner Lebendigkeit und meines Durchsetzungsvermögens – meiner gesunden Frechheit.
Ich fühle mich als Gewinner!

So trainiere ich, ein Winner zu sein: *Ich bin entschlossen.*

Im Denken: Ich habe ein klares Bild im Kopf von mir als dem Winner. Ich schliesse die Augen und sehe mich dabei in meinem Inneren klar, deutlich und mit allen starken Gefühlen im gewünschten Idealzustand. Dieses innere Bild ist mein ständiger Begleiter, auf dessen Unterstützung ich vor allem in Situationen der Belastung, der Unsicherheit zurückgreifen kann.

Im Verhalten: Immer wieder überwinde ich meinen inneren Schweinehund.

Ich habe den Biss und nutze meine Aggressivität, um die Dinge in die Tat umzusetzen und um mich und meine Ideen entschlossen durchzusetzen. Ich bleibe dran.

Als Winner will ich mich entwickeln, will ich besser werden. Ich setze mich selber unter Druck. Ich verpflichte mich, in der Vorwärtsbewegung zu bleiben und auf das zuzugehen, was mir schwerfällt, wo ich mich nicht sicher fühle.

Ich übernehme die Verantwortung für mein Tun, ich habe mich entschieden für: «Ich mache es, ich bin entschlossen!»

Ich liebe es und finde Spass und Lust daran: aus einer Schwäche eine Stärke zu machen. Ich aktiviere und entwickle meinen Killerinstinkt. Gewinnen heisst: Chancen nutzen.

Ich denke nach vorn, das heisst, mein erster Gedanke ist immer: «Ich gehe nach vorn.» Ich bin lebendig, ich packe zu, ich gehe aktiv an meine Aufgabe ran, ich will erfolgreich sein, ich bin da und spiele, um zu gewinnen.

Ich tue alles dafür, dass ich entschlossen bin. Ich baue mein Selbstvertrauen konsequent auf, indem ich den Weg der kleinen Siege gehe, den Weg der kleinen Schritte, die ich erreichen kann, die mich bestärken auf meinem Weg, in meinem Vertrauen, in meiner Überzeugung, sodass ich entschlossen bleiben kann.

Ich stärke meinen Glauben daran, dass die kleinen Siege automatisch zum grossen «inneren Sieg» führen.

SWISS *winning* – Der Weg zum Erfolg

Kampfstärke

Der Kämpfer

Der unsäglich bedrückende Ist-Zustand: *Ich bin schwach.*
Zu erkennen an der Kernaussage: «Das bringt eh nichts.»
Ich fange erst gar nicht an, getraue mich nicht, gebe schnell auf, vermeide Anstrengung und Rückschläge und habe Angst vor Fehlern, nach Fehlern rege ich mich auf oder lasse den Kopf hängen. Wie mancher Perfektionist bin ich ein clever getarntes Weichei. Ich will immer gut dastehen, vermeide jedes Risiko, warte schlau ab und bin, weil ich schwache Nerven habe, in Krisensituationen überfordert. Ich bin willensschwach.

Der strahlende Gewinner am Ziel: *Der Kämpfer*
Er ist ein Spieler des Herzens, er weiss, dass das Leben ein Spiel mit dem Fehler ist. Er weiss, dass, wenn er frech und mutig nach vorn geht, Fehler passieren. Die gehören zum Spiel, zum Leben.

Er weiss, dass der grösste Fehler ist, zu versuchen, keinen Fehler zu machen.
Deshalb hat er den Mut, Fehler zu machen. Er weiss, dass er Fehler machen darf und dass es Fehler braucht, um besser zu werden, um daraus zu lernen, um zu wachsen.

Ein Kämpfer verschwendet keine Energie darauf, sich über eigene Fehler aufzuregen oder sich selber schlecht und klein zu machen. Er geht grosszügig mit sich und dem Fehler um. Er begrüsst den Fehler freudig als Gelegenheit zu lernen, und kämpft weiter.

Ich suche immer das Positive im Fehler, in der Niederlage.
Ich verliere nicht meine Sicherheit, ein Fehler ändert nichts an meinem Selbstbild. Das Ziel eines Spiels, einer Aufgabe, einer Herausforderung, ja des Lebens ist es, am Ende mehr Ver-

trauen zu haben als am Anfang! Veränderung, Wachstum, Fortschritt.

So trainiere ich, ein Kämpfer zu sein: *Ich bin kampfstark.*

Im Denken: Ich habe ein klares Bild im Kopf von mir als dem Kämpfer. Ich schliesse die Augen und sehe mich dabei in meinem Inneren klar, deutlich und mit allen starken Gefühlen im gewünschten Idealzustand. Diese innere Bild ist mein ständiger Begleiter, auf dessen Unterstützung ich vor allem in Situationen der Belastung, der Unsicherheit zurückgreifen kann.

Als Kämpfer weiss ich, dass es entscheidend für meinen Erfolg ist, wie ich emotional auf einen Fehler, auf einen Rückschlag, auf eine Niederlage reagiere. Ich weiss, wenn ich bestehen will, muss ich mich auf das Schlimmste vorbereiten und das Beste erwarten.

Ich bin schlau, ich habe ein gewinnbringendes Fehlerkonzept: Ich weiss, dass ich Fehler machen werde, ich weiss, dass ich o.k. bin, dass ich alles grosszügig annehme, akzeptiere und loslasse.

Ich bereite mich gedanklich darauf vor, wie ich mich nach einem Fehler verhalte, sodass ich im Selbstvertrauen bleibe. Das gibt mir eine unglaubliche Sicherheit, ein Selbstvertrauen im Voraus, sodass ich die Angst davor verliere und Vertrauen tanke.

Ich weiss, dass ich gestärkt aus jedem Fehler, jedem Rückschlag und jeder Krise gehe!

Ich mache aus einer kleinen Niederlage einen kleinen Sieg und nehme dieses Vertrauen mit auf meinen Weg, sodass ich immer weniger Fehler mache.

Im Verhalten: Ich zeige nach einem Fehler folgendes Verhalten: Meine Körpersprache bleibt positiv, ich atme, ich entspanne, ich bleibe ruhig und fokussiere wieder auf das einfache, auf SWISS: «Ich bin entschlossen», oder noch weiter zurück zum Einfachsten, wo ich sofort wieder erfolgreich bin, zum Atmen, zum Fokus: «Ich bin entspannt», um so aus der Ruhe heraus wieder zur Kraft und Entschlossenheit zu finden.

Unter Stress entscheide ich mich, auszuatmen, mich zu entspannen.

Spass

Der Lebensfrohe

Der unsäglich bedrückende Ist-Zustand: *Ich bin frustriert.*
Zu erkennen an der Kernaussage: «Das Leben ist so schwer.»
Ich bin frustriert, schuld sind immer die anderen. Ich glaube, die Welt sei früher besser gewesen, und werde immer schlechter. Ich bin ein Pessimist und Ganztagesmuffel, unzufrieden, und jede Aufgabe erscheint mir schwirig: ein Krampf. Ich neige dazu, die Dinge zu komplizieren, empfinde das Leben als Last und langweile meine Mitmenschen mit meinem Perfektionismus und meinen Klagen über die Ungerechtigkeiten der Welt.

Der strahlende Gewinner am Ziel: *Der Lebensfrohe*
Er weiss, dass das Leben ein Spiel ist, er hat Spass und Freude an dem, was er macht, er geniesst den Moment.
Er sieht in allen Situationen das halb volle Glas.

Er weiss, dass die Freude unglaubliche Energien in ihm freisetzt. Er entscheidet sich immer wieder bewusst für die Freude, egal, wie herausfordernd, wie schwierig die Situation ist, er sucht sie. Er erlebt (wie der Bergsteiger) die Freude beim Bewältigen von Herausforderungen und Schwierigkeiten.

Ich weiss, es ist die Spielfreude, die mich zum Erfolg führt. Und nicht die Erwartungen an mich selbst, perfekt zu sein, keinen Fehler zu machen, der Beste zu sein. Mein Ziel ist es, mein Bestes zu geben. Ballast wie die eigene Erwartungshaltung oder die Fixierung auf das Endziel werfe ich über Bord, ich werde leicht und lebendig.

Und es freut mich, wenn ich mein Bestes gegeben habe.

So trainiere ich meine Lebensfreude: *Ich bin spielfreudig.*

Im Denken: Ich habe ein klares Bild im Kopf von mir als dem Lebensfrohen. Ich schliesse die Augen und sehe mich dabei in meinem Inneren klar, deutlich und mit allen starken Gefühlen im gewünschten Idealzustand. Dieses innere Bild ist mein ständiger Begleiter, auf dessen Unterstützung ich vor allem in Situationen der Belastung, der Unsicherheit zurückgreifen kann.

Als Spieler des Herzens entdecke ich den Spass und die Freude am Überwinden von Schwierigkeiten von Rückschlägen, von Herausforderungen. ich weiss es nicht nur, sondern ich fühle es: «Ich bin ein Gewinner!»

Ich weiss, dass es einfach ist, in guten Zeiten glücklich zu sein, doch bei Schwierigkeiten braucht es schon mehr! Tiefen sind extrem wichtig fürs Wachstum, es macht mich stärker, wenn ich hinfalle und wieder aufstehe. Daran finde ich Spass.

Im Verhalten: Ich entscheide mich immer wieder von Neuem für das Einfache, für den Moment, für die Ruhe, für das Sein, für das Atmen. Ich entscheide mich immer wieder von Neuem für die Verspieltheit, für die Leichtigkeit, für die Spielfreude. Ich geniesse diese ekstatischen Momente mit einem entspannten Lächeln.

Ich gehe an die Grenze und entdecke dort meine Freude, meine Lust am Schwierigen, meine Lust am Kämpfen, am Spiel, am Dranbleiben, am Überwinden der Angst vor dem Scheitern.

Ich fokussiere mich ganz auf das Kleine, auf den Moment auf das Erreichbare, das was mir Vertrauen gibt und mir Freude macht.

Ich lache, ich weine, ich habe Freude an dem, was ich mache, und ich habe Spass am Erfolg, ich bin stolz und freue mich an jedem noch so kleinen Erfolgserlebnis!

Ich führe ein Erfolgstagebuch. Dort trage ich all die kleinen Erfolgserlebnisse ein und nehme das Vertrauen mit auf meinen Weg.

Ich anerkenne und feiere jeden Sieg, mag er noch so klein sein, und schöpfe daraus die Kraft für den nächsten Kampf.

Was heisst hier eigentlich «frech»?
Wenn ich von Frechheit spreche in diesem Buch, dann spreche ich von einer positiven Frechheit, vom Mut, zu sich und zu seinem Weg zu stehen, trotz allen Widerständen.

Frechheit in diesem Sinne heisst:
Sich selbst wichtig zu nehmen, ohne andere dabei zu überrennen, ohne ihnen Schaden zu zufügen.

Frech heisst, den Mut zu haben ...
... Fehler zu machen.
... sich auch ins Zentrum zu stellen.
... bisweilen das Unmögliche möglich zu machen.
... den Worten Taten folgen zu lassen.
... die eigenen Träume zu verwirklichen.
... niemals aufzugeben.
... sich zu blamieren.
... über sich selbst zu lachen.
... Meister seiner selbst zu sein.

Frech sein heisst, den Kampf mit dem eigenen Schweinehund aufzunehmen.

Affirmationen zum Frechsein
Affirmationen sind moderne Mantras, Leitsätze, die mich dabei unterstützen, etwas, was mir wichtig ist, in mein Leben zu integrieren, die mir Mut machen, etwas umzusetzen, die mich einstimmen, mich motivieren, eine innere Führung, um das gewünschte Ziel zu erreichen. Sie funktionieren entsprechend dem allseits bekannten Prinzip der sich selbst erfüllenden Prophezeiungen.

Ich bin frech, ich bin o.k., ich bin lebendig, ich bin begeistert und begeistere andere, ich kämpfe und bleibe dran, ich über-

rasche und verblüffe mich selber und andere, ich bin direkt, ich bin leidenschaftlich, ich bin einfach, ich bin schlau, ich bin spontan, ich bin schnell, ich bin neugierig, ich bin wild, ich bin spritzig, pfiffig und witzig, sodass es «chlöpft und tätscht».
Ich lebe, Ich lache, ich spiele, ich weine, ich störe, ich provoziere, ich zeige mich, ich gehe nach vorn, ich verführe, ich kann es, ich schaffe es, ich gewinne, ich scheitere, ich begeistere, ich vertraue, ich geniesse, ich bin ich...

Ich bin das kleine freche Mädchen und erinnere mich an den Satz:
«Gute Mädchen kommen in den Himmel, böse Mädchen kommen überallhin.»

Ich bin der kleine freche Junge und erinnere mich an den Satz:
«Aus frechen Jungs werden starke Männer.»
Stark im Sinne von selbstbewusst und kraftvoll – und entsprechend der taoistischen Weisheit, dass ein Mensch stets nur so stark ist, wie er auch schwach sein kann.

Der/die Freche erfrecht sich, all diese Möglichkeiten bei Bedarf zu nutzen.

Alles das, was Frechheit bedeutet, was die SWISS-Prinzipien zum Ausdruck bringen, ist in jedem Menschen vorhanden. Um diese Qualitäten zu entwickeln und zu leben, braucht es eine klare Entscheidung: «Ich bin frech!»
Erfolg haben mit Frechheit kann ich nur, wenn ich es wirklich von innen heraus bin, das heisst, wenn mein im Aussen sichtbares Verhalten auch mit dem übereinstimmt, was ich ehrlich in mir erlebe. Nur so fühle ich mich stark und selbstbewusst, nur so habe ich die Ausstrahlung, und nur so springt der Funke über.

Der fünfach einfache Königsweg des Gewinners
SWISS – das sind fünf Qualitäten, die eine grossartige Persönlichkeit ausmachen, die Menschen nicht nur im Sport, sondern im Leben zu Gewinnern machen:

Souveränität – Team**W**ork – W**I**nning – Kampf**S**tärke – **S**pass

Fünf Prinzipien, an denen wir uns orientieren können. Indem wir uns konsequent immer wieder auf sie konzentrieren, trainieren wir sie, bis sie verinnerlicht, Teil von uns sind. Diese Werte überdauern alle Siege und Niederlagen.
Fünf einfache Ziele, die wir jederzeit erreichen können, unabhängig von anderen, das heisst, wir sind immer im Selbstvertrauen. Sie ermöglichen den Weg der kleinen Schritte, den Weg der kleinen Siege, der kleinen Erfolgserlebnisse.
Auf dem Weg der kleinen Siege bauen wir ein unerschütterliches Selbstvertrauen auf.

Langfristig ist der Erfolg nicht von Glück oder Pech abhängig, auch wenn gerade im Sport mal die Netz- oder die Lattenkante «parteiisch» ist. Hinter allen grossartigen Leistungen (nicht nur im Sport) steckt ein grossartiges Verhalten, das auf einer grossartigen Persönlichkeit basiert! Es sind die unsichtbaren, inneren Qualitäten, wie Selbstvertrauen, Gelassenheit, Entschlossenheit und die Fähigkeit unter Druck, im Stress entspannt zu bleiben, die eine «freche» Persönlichkeit ausmachen!
Also es geht um inneres Wachstum, um innere Qualitäten, die uns zu Siegern im Leben machen.

Der Weg zum Erfolg, zur Lösung führt über Training von innen nach aussen. So entwickeln wir unsere Persönlichkeit und unser Selbstvertrauen. Es ist der Königsweg zur Frechheit. Wir lernen, die Initiative zu ergreifen und uns gegen jede Art von Widerstand durchzusetzen. Ein Programm für freche, selbstbewusste und erfolgsorientierte Persönlichkeiten.

Ab sofort ist Schluss mit Sich-klein-Machen, mit Kleinmut. Fenster auf, Türen auf, lasst Licht und Sauerstoff herein. Mut zum Denken, zum Reden und zum Handeln im grossen Massstab. Mut zum Fehlermachen, Mut, zu Fehlern zu stehen und aus ihnen zu lernen. Lust auf Schlauheit, Lust auf Risiko, Lust auf Selbstvertrauen, Lust auf Provokation, Lust auf Siege, Lust auf Niederlagen.
Alles beginnt mit einer neuen Denkweise. Denn aus Gedanken werden Worte, aus Worten werden Taten. Ich bin hier, um zu gewinnen. Das tönt so einfach.

Und es ist so einfach.

Wir gehen den Weg der kleinen Siege. So bauen wir leicht und lustvoll ein starkes Selbstwertgefühl auf. Ein natürliches Selbstvertrauen, eine natürliche Leichtigkeit, eine natürliche Kraft, eine natürliche Aggressivität, gepaart mit Lebensfreude und Lebenslust. Wir gewinnen so eine natürliche Ausstrahlung, die uns das Gefühl gibt, das zu sein, was Tom Wolfe «Masters of the Universe» – Meister des eigenen Lebens – genannt hat. So kreieren wir Charisma. So reift unser kleines Ego zur selbstbewussten Persönlichkeit.

Jeder kann erfolgreich sein, wenn er es wirklich will.

You can get it, if you really want, but you have to try.
Du kannst es erreichen, wenn du es wirklich willst,
aber du musst es versuchen. *(Jimmy Cliff)*

Jeder kann ein Gewinner sein und dieses grossartige Gefühl des Gewinnens erleben. Gewinnen heisst den Kampf gegen sich selbst zu gewinnen; den eigenen inneren Schweinehund, all die Ängste und Zweifel zu überwinden: getragen und geführt von einer Vision, von einem inneren Ja, von einer

Sehnsucht etwas Eigenes, etwas Grosses zu kreieren, dabei neugierig, mutig und frech zu sein, anders zu sein, auf die Nase zu fallen, wieder aufzustehen, den Weg unbeirrt weiterzugehen, einfach sein Bestes zu geben, zu 100 Prozent und mit Freude... so sind wir immer Gewinner im Leben, weil das schlussendlich der einzige Bereich ist, den wir unter Kontrolle haben.

Gewinnen ist eine innere Haltung und weniger das Resultat eines Kampfs!

Gewinnen ist ein Wettkampf, in dem es nicht um Medaillen und Titel geht, sondern um Selbstvertrauen und Zuversicht. Ein Wettkampf, in dem die Haltung und die innere Einstellung mehr bedeuten als die angestrebte Goldmedaille.

Rezept für Frechheit
SWISS *winning*
in der Praxis

 **Klar sein – sich entscheiden**

 **Offen sein – sich zeigen**

 **Schlau sein – sich vorbereiten**

 **Einfach sein – sich entspannen**

Sich vertrauen – frech sein

Kapitel 9

Frechheit siegt – Der historische EM-Titel

*Was hinter uns liegt und was vor uns liegt,
sind Winzigkeiten im Vergleich zu dem,
was in uns liegt.*
Oliver Wendell Holmes

Die Sensation ist perfekt. Europameister! Nach fünf Siegen in Serie setzten wir uns im Final auch gegen Frankreich mit 4:2 im Elfmeterschiessen durch. Und feiern den grössten Erfolg in der Geschichte des Schweizer Fussballs. Wir haben Geschichte geschrieben. Zum ersten Mal gewinnt eine schweizerische Fussballauswahl einen internationalen Titel: Wir sind U-17-Europameister!

Im Moment des Triumphes denke ich noch einmal daran, wie alles begonnen hat. Eine schicksalshafte Fügung sorgt dafür, dass ich an einer Trainertagung auf Hansruedi Hasler treffe. Er ist der Technische Direktor des Schweizerischen Fussballverbands. Er ist ein Chef, der das Klischee «Wir Schweizer sind halt so» (im internationalen Vergleich mental schwach, einfach zu brav) nicht akzeptiert und den Mut hat, die ausgetretenen Pfade zu verlassen.

Die Vollkasko-Mentalität
Diese Mentalität ist so weit verbreitet, dass wir von einer eigentlichen Schweizer Mentalität sprechen dürfen. Sie durchdringt die ganze Gesellschaft und daher auch den Sport. Noch bevor er das Amt des Nationaltrainers antritt, sagt mir Köbi Kuhn: «Wir Schweizer sind defensiv solid.» Halb amüsiert, halb nachdenklich fügt er bei: «Wenn nur das mit dem Ball nicht wäre, mit dem Spiel nach vorn!»

Da ist er wieder, der «kleine» Schweizer, der aufs Feld geht, um nicht zu verlieren, um solid zu sein. So ist zwar ein Sieg (fast) nicht möglich. Aber im Falle einer Niederlage ist die Ehre garantiert. Es ist eine Vollkasko-Mentalität. Keiner will auffallen, hinstehen, ein Star sein und Verantwortung übernehmen. So fehlt uns das Durchsetzungsvermögen, die Aggressivität in entscheidenden Augenblicken, und wir wagen es nicht, vorwärtszugehen und mit dem Ball etwas Mutiges zu tun.

Eishockey-Nationaltrainer Ralph Krueger hat dies mir gegenüber einmal anders formuliert: «Frechheit als aggressive Eigenschaft passt nicht zur Neutralität und damit auch nicht zur Schweizer Mentalität der Bescheidenheit.»

Kein Wunder, schauen wir immer so ehrfürchtig nach Deutschland. Wie heisst es doch so schön: Fussball ist, wenn am Schluss doch die Deutschen gewinnen. Diese Siegermentalität macht uns Angst. Wir empfinden das Auftreten der Deutschen bisweilen als arrogant. Wir lassen uns beeindrucken, irritieren, einschüchtern. Und damit haben wir schon verloren, bevor das Spiel angefangen hat.

Dieses Denken macht die Beine schwer. Kleines Denken bringt kleine Worte und kleine Taten hervor. Spielen, um nicht zu verlieren, ist wie fahren mit angezogener Handbremse. Du bleibst chancenlos und weisst nicht einmal, warum.

Am Schluss gehen wir mit der Erkenntnis vom Platz, dass wir halt nicht so gut sind wie die Deutschen, und diese Erkenntnis macht die Komplexe noch grösser; und wir finden ständig die Bestätigung und hundert Gründe dafür, warum wir halt nicht gut genug sind, warum es nicht reicht und warum es immer so sein wird.

Ich frage Hasler, ob ich ihm meine Ideen vorstellen dürfe. Seine Überraschung ist ehrlich: Was, ein ehemaliger Fussballprofi befasst sich mit solchen Themen?

Die Zeit ist reif
Drei Monate später kommt der Moment der Wahrheit. Ich darf meine SWISS-Philosophie allen Verbandstrainern inklusive Köbi Kuhn vorstellen. Es ist der Anfang einer Erfolgsgeschichte.

Ein ganz simpler Workshop entscheidet darüber, ob ich künftig für den Fussballverband arbeiten darf. Für einen der mächtigsten, wichtigsten und grössten Sportverbände unseres Landes. Entscheidet darüber, ob für mich auch die Türen in die Sportwelt aufgehen.

Eine einmalige Chance für mich. Eine Chance, die ich mir nicht entgehen lassen darf. Eine riesige Herausforderung.
Ich werde nervös.

Aber ich bin bereit. Die SWISS-Philosophie habe ich verinnerlicht. Weil ich sie aus meinen ganz persönlichen Lebenserfahrungen entwickelt habe und lebe.

Was also kann da schon schiefgehen? Und die Zeit ist reif für meine Philosophie. Die Erkenntnis hat sich durchgesetzt, dass kräftige Oberschenkel, schnelle Beine und technische Brillanz nichts nützen, wenn ein Spieler mental zerbrechlich ist wie dünnes Porzellan, zumal unser Kopf die wesentlichste Quelle unserer Kraft ist.
Es braucht die Software, die weichen, die inneren Werte: Entschlossenheit, Selbstvertrauen, die Fähigkeit, in Stresssituationen, unter Druck entspannt und locker zu bleiben. Der Weg zur Besserung, zum Erfolg beginnt im Kopf. Da setze ich mit meinem Programm an.

Für mich ist klar: Mein Vortrag, sozusagen das «Bewerbungsgespräch» beim Schweizerischen Fussballverband, darf keine graue Theoriestunde sein. Ich will, ich muss sie alle hinter dem Ofen hervorholen, ich muss die Trainer für das begeistern, das sie später ihren Spielern vermitteln sollen. Sie sollen erleben, was «Play to win!» heisst. Spiele, um zu gewinnen!

Mein Mittel ist so simpel wie wirkungsvoll. Das «Brett der grossen Herausforderung», die Kurzform von SWISS. Es symbolisiert das Brett vor dem Kopf, das es zu durchzuschlagen gilt. Meine Erfolgsformel: Mit SWISS den Durchbruch schaffen. Das Brett vor dem Kopf zerschlagen. Alles wegräumen, was mich klein hält, was mich vom grossen Erfolg abhält.

Er zeigt, wie man unter Druck sofort den Zugang zur inneren Kraft bekommt. Wie man Gelassenheit und Entschlossenheit zugleich aufbauen kann. Wie man Erfolg auf Knopfdruck abruft.

Jeder Einzelne, der es mit blosser Hand durchschlägt, soll spüren, dass viel mehr in ihm steckt, als er sich eigentlich zutraut.

Ich pokere hoch: Die Spannung, die Ungewissheit ist gross, der Druck enorm, als ich Hansruedi Hasler, den Chef persönlich, der als Erster antritt, bewusst scheitern lasse. Einer musste scheitern. Damit der Druck und die Angst zu versagen bei den andern noch spürbarer, noch grösser wird. Zudem soll das Scheitern zeigen, wie damit umzugehen ist – blöd war einfach, dass es ausgerechnet der Chef war. Die Stimmung ist auf dem Tiefpunkt.

Dann ist die Reihe an Köbi Kuhn. Wird er, der Sanfte, der Väterliche mit der stoischen Ruhe, das Brett durchschlagen und damit meine Theorie, dass es auf die inneren Werte und nicht auf die Muskelkraft allein ankommt, nun in der Praxis bestätigen? Er tritt in seiner unnachahmlichen Art vor das «Brett der grossen Herausforderung», steht gelassen da, atmet tief durch, er fixiert das Ziel, er lässt sich Zeit, er zieht auf und durchschlägt das Brett mit einem kurzen, trockenen Schlag. Er schafft das Kunststück mit einer Selbstverständlichkeit und Leichtigkeit, die ich in dieser Form bis heute nie mehr angetroffen habe. Deutlich spüre ich bei ihm, wie einer, der vor einer heiklen Herausforderung steht, eine innere Sicherheit, ein tief verankertes Selbstbewusstsein und die unerschütterliche Gewissheit ausstrahlt: Ja, das mache ich, ja, das kann ich.

Ich bin ganz einfach tief beeindruckt von der Selbstverständlichkeit, der Gelassenheit und Frechheit, mit der Kuhn das anscheinend Unmögliche möglich macht.

Alle anderen Trainer schaffen es nun auch, die einen mit Kraft, die meisten mit viel Gefühl. Mit Vertrauen. Also ist die Reihe nochmals an Hasler – Totenstille im Raum, spätestens jetzt wusste jeder, warum das Brett «Brett der grossen Herausforderung» heisst, allen voran der Chef selber: ganz ruhig, stechender Blick, total auf sein Ziel, auf das Brett, fokussiert, in den Augen funkelt seine Überzeugung: «Das schaffe ich!» Er steht da, er atmet kräftig aus, er zieht auf und, begleitet von einem befreiendem Schrei, zischt seine Hand durch das Brett!

Ich bin erleichtert! Der Druck auf mir war gross, der Druck auf ihm auch. Er, der Chef, hätte als Versager dagestanden, und ich wäre derjenige gewesen, der ihm diese Blamage eingebrockt hat.
Ich habe die Verbandstrainer überzeugt. Ich habe sie verblüfft. Nein, besser: Sie haben sich selbst verblüfft, überrascht. Ohne Vorwarnung habe ich sie in eine Situation hineingeritten, in

der sie auf einmal mit all ihren Ängsten und Zweifeln allein waren. Jeder Einzelne hatte die Wahl: sich zurückziehen oder frech zu sein, den Schritt nach vorn zu wagen, sich zu exponieren und zuzuschlagen. Jeder durfte erfahren, wie viel Potenzial in ihm steckt. Ein Potenzial, das nur darauf wartet, abgerufen zu werden.

Nun darf ich meine Arbeit für den Schweizerischen Fussballverband aufnehmen. Mein Auftrag ist klar: eine bis dahin unbekannte Winner-Mentalität entwickeln. SWISS eben. Es soll mehr sein als ein kurzes Strohfeuer, mehr als Aspirin und Heftpflaster. Die Wirkung soll nachhaltig sein. Ein Weg der kleinen Siege.

In Magglingen treffe ich zum ersten Mal Barnetta, Senderos, Lichtsteiner, Djourou, Vonlanthen und Co. Junge Männer, 15 oder 16 Jahre alt, in Begleitung der Eltern. Ungeschliffene Diamanten, die mehr ahnen als wissen, dass die Welt ihnen offensteht. Aus ihren Augen spricht nicht nur die Hoffnung. Es blitzt die Lust, die Bereitschaft, die Neugier auf Verrücktes.

Auf dem Weg zur Frechheit
Ich bin mit ihnen zu einem inneren Abenteuer aufgebrochen. Ich habe Aussergewöhnliches, verrückte Sachen mit ihnen gemacht, die sie so noch nicht erlebt haben und die sie in Erstaunen und Verwunderung versetzen. Ein Abenteuer, von dem sie insgeheim schon immer geträumt haben.

Wir sind auf den Berg und haben uns auf dem Gipfel durch die Weite inspirieren lassen. Wir haben eine tiefe Sehnsucht nach Grösse, nach Freude, nach Gemeinsamkeit und nach Erfolg gespürt. Träume sind geboren worden. Wir haben Wünsche ausgesprochen und mit Gedanken und schliesslich mit Worten die Basis für grosse Taten gelegt: «In den nächsten zehn Jahren wollen wir an einer Europameisterschaft einen der ersten drei Plätze belegen.» Wir haben uns mit der Medaille um den Hals auf dem Siegerpodest gesehen. Wir haben die Träume und Worte in unsere Herzen und in die Seelen eindringen lassen.

Wir wissen, dass die Vorbereitung ebenso wichtig ist wie das Handeln. Wir bereiten uns sorgfältig auf etwas anscheinend Unmögliches vor: das «Brett der grossen Herausforderung».

Wir lernen die Angst vor dem Scheitern kennen und spüren dabei die unglaubliche Kraft einer verschworenen Bande, wir feuern uns gegenseitig an, wir unterstützen einander, wir fühlen uns getragen und verbunden, wir zeigen Engagement, Freude, Vertrauen und Biss. Wir durchschlagen das Brett.

Wir feiern und lachen von Herzen miteinander, wir wissen, dass Unmögliches möglich wird, dass wir alles in uns haben, um alles zu erreichen. Wir fühlen uns stark, unerschütterlich und kraftvoll wie ein Samuraikrieger. Das Licht des Stolzes, des Glaubens leuchtet aus unseren Augen.

Wir strotzen vor Selbstvertrauen, jetzt haben wir eine Antwort auf alle Situationen, die auf uns zukommen, sollten sie auch noch so überraschend und schwierig sein – jetzt sind wir bereit, den Weg zu gehen!

Der unerschrockene Philippe Senderos

Senderos steht stellvertretend für unsere Idee und unsere Philosophie.

Als er mit 16 Jahren in der höchsten Schweizer Liga debütiert, sagt er zu mir: «Ich habe das Brett auf Anhieb durchschlagen. Und nun schaffe ich alles andere auch.» Dieser Glaube, dieses Selbstvertrauen tragen ihn zu einer hervorragenden Leistung in seinem ersten Spiel. Bereits mit 16 Jahren ist er eine aussergewöhnliche Persönlichkeit.

Als er mir erzählt, er träume davon, mit Arsenal die Champions League zu gewinnen, sage ich: «Grossartig!»
Mir ist wichtig, dass Sie Träume haben. Und den Mut, zu sagen, was Sie träumen. Denn Träume wollen gelebt werden.

«Träume dein Leben und lebe deinen Traum!»

Er ist der Fels in der Brandung. Er übernimmt Verantwortung. Er ist der Kapitän. Er hat aber auch eine feine Antenne, ist sensibel, hat ein untrügliches Gespür fürs Ganze. Sein erster Gedanke gilt dem Team, seine Opferbereitschaft ist legendär.

Senderos interveniert aber auch energisch, wenn er spürt, dass kurzzeitig etwas nicht stimmt, wenn für einmal nicht alle mitziehen.

Er ist offen, ehrlich, klar und einfach. Und seriös wie kaum ein Zweiter. Dazu gehört auch sein Erfolgstagebuch, in das er die kleinen Erfolge minutiös eingetragen hat. Was würde das Erfolgskonzept SWISS besser verkörpern als dieses Handeln?

Wir haben uns verpflichtet, immer das Beste zu geben, auf und neben dem Platz, immer SWISS, immer frech und mutig und stolz und selbstsicher zu sein.

Wir reden nie vom Gewinnen oder Siegen. Wir gehen den Weg der kleinen Siege. Wir konzentrieren uns auf das Hier und Jetzt. Auf SWISS, auf den nächsten Schritt, auf die kleinen Ziele, die einfach und jederzeit zu erreichen sind, die uns im Vertrauen halten, die uns stark machen: Atmen, entspannen, souverän sein, einander unterstützen, entschlossen sein, dranbleiben, Freude haben, frech sein. Wir haben viele kleine Erfolgserlebnisse. Wir sind stolz auf uns.

Wir führen Tagebuch. Wir gewinnen an Sicherheit und Vertrauen. Wir werden immer stärker, wir lernen das unerschütterliche Selbstvertrauen kennen. Wir erlauben uns, in den Erfolg hineinzuwachsen.

Wir leben im Grenzbereich. Wir stürzen uns immer wieder ins Unbekannte. Ohne zu wissen, wie es ausgehen wird. Wir lernen dabei auch unsere Ängste, unsere Zweifel kennen. Wir verinnerlichen unter diesem Druck SWISS: Atmen. Entspannen. Ruhig bleiben. Entschlossen bleiben. Wir finden die richtige Mischung zwischen locker und entschlossen, zwischen gelassen und mutig, zwischen einstecken und austeilen, zwischen Herz und Biss.

Wir sind überzeugt: Frechheit siegt!

Der rebellische Valon Behrami

In einer Phase der Herausforderung, des Wachsens und Werdens kommt Valon Behrami zu mir und fragt mich, wie er ein Krieger werden kann.

«Wie komme ich zu dieser absoluten Entschlossenheit?»

Meine Antwort: «Sei es einfach. Du bist es, lass es zu, überleg nicht zu viel, mach es einfach!»

Als ich sehe, mit welch unglaublicher Entschlossenheit er das Holzbrett durchschlägt, weiss ich, dass er ein Krieger ist. Er hat sich nun selbst bestätigt: Ja, ich bin es, ich bin ein Krieger.

In diesem Moment legt er seine ganze Unsicherheit ab. Sein Potenzial wird frei. Er wird zum Krieger unter den Kriegern. Ein ungestümer, wilder, frecher Rebell. Gefährlich, immer an der Grenze lebend zwischen Genie und Wahnsinn!

Keine leichte Aufgabe für einen Trainer. Aber eine wunderbare Herausforderung.

Wir öffnen uns. Wir gewähren uns gegenseitig Zugang zu unserem Innenleben. Das Sichmitteilen wird unsere wichtigste Übung.

Wir machen uns unsere Stärken bewusst und setzen sie aktiv ein. Wir haben den Mut und die Kraft, hinzuschauen, wo unsere Schwachstellen sind, wo und wann wir unsere Sicherheit verlieren. Wir akzeptieren unsere Schwächen. Weil wir wissen, dass wir diese Schwächen letztlich überwinden werden. Dass wir uns auch von der schwachen, verletzlichen Seite zeigen, macht uns stärker.

Wir gehen direkt und unverkrampft und schonungslos auf die Schwäche ein und lernen die Lust kennen, auch angesichts von Schwächen gelassen und entschlossen zu bleiben, dranzubleiben, zu atmen, uns zu entspannen, und wir wissen, es kommt ein schöner Tag und wir fragen uns: Hey, da war doch mal eine Schwäche von mir – wo ist sie bloss geblieben?

Wir wissen, dass jeder die Angst hat, Fehler zu machen, zu scheitern, sich zu blamieren, nicht zu genügen, dass jeder mit Unsicherheit zu kämpfen hat. Das beruhigt uns, befreit uns vom Druck, ständig den starken Mann zu markieren, zu imponieren, unnötig Kraft zu brauchen und schlussendlich innerlich zu leiden. Ehrlich gegenüber uns selber, gehen wir kraftvoll, selbstbewusst und authentisch unseren Weg.

Wir schauen der Angst offen ins Gesicht, wir schreien mir voller Kraft all die Ängste raus, wir entscheiden uns, sie immer wieder loszulassen, wegzuatmen, wir schreiben sie auf und verbrennen den Dämon des Scheiterns ein für allemal, so, wie all die inneren Widerstände, all das, was uns am grossen Erfolg hindern könnte. Im Angesicht der Angst entsteht Vertrauen und Mut. Wir benutzen die Angst als Antrieb und nicht länger als Bremse. Wir bekommen Flügel.

Der schlaue Johan Vonlanthen

Vonlanthen, der jüngste EM-Endrunden-Torschütze aller Zeiten, antwortet auf meine Frage, was ihm an unserer Zusammenarbeit am meisten gebracht hat:
«Ich habe gelernt, mir das Leben auf dem Platz einfach zu machen. Ich gehe mit viel Vertrauen auf den Platz, weil ich im Voraus weiss, wie ich während des Spiels stärker und besser werde. Ich gehe mit ganz einfach zu erreichenden Zielen ins Spiel und baue mir so ein unerschütterliches Selbstvertrauen auf. Ich atme, ich bleibe gelassen und entschlossen.

Heute weiss ich, dass mit Selbstvertrauen das Geniale automatisch passiert und dass ich nichts erzwingen kann.»

Früher ging er auf den Platz mit dem festen Vorsatz, mit dem Ziel, das Spiel zu entscheiden und der Grösste zu sein, Tore zu schiessen, ab der ersten Minute volles Rohr, volles Risiko.

Er suchte das Schwierige, das Komplizierte, immer fixiert auf das Grosse – und scheiterte meistens. Logisch, denn mit dieser Einstellung geriet er schnell unter Druck und verkrampfte sich. Seine angeborene Spielfreude, seine Schlauheit, seine Leichtigkeit gingen so verloren.

Wir bewegen uns rhythmisch zu eigenen Schlachtgesängen. Wir stampfen zur Musik. Wir tanzen und spüren unsere Leichtigkeit. Wir feiern Rituale und spüren unsere Verbundenheit.

Wir springen von den Bäumen in die Tiefe, als Symbol für eine klare Entscheidung, wo es kein Zurück gibt.

Wir kämpfen. Wir boxen gegeneinander. Wir lernen, was es heisst, einzustecken und auszuteilen. Wir kommen in Kontakt mit unserer Aggressivität, mit unserer Gefährlichkeit, mit unserer Lebendigkeit. Wir spüren so den Killerinstinkt in uns. Wir kämpfen gegeneinander, wir sind Gegner und werden zu Freunden.

Wir werfen Speere und spüren die Kraft des klaren und einfachen Ziels, die Kraft des Atmens, die Kraft der Entscheidung.

Wir kämpfen mit Schwertern und schärfen unseren Verstand.

Wir verlieren Spiele und begreifen, dass die Niederlage ebenso ein Teil des Kampfs ist wie der Sieg. Wir kämpfen für unseren Traum und benutzen Rückschläge, Niederlagen und Schwierigkeiten, um unsere Standfestigkeit, unsere Geduld, unseren Biss, unsere Durchsetzungskraft zu prüfen und zu stärken. Schwierigkeiten sind für uns Chancen, die wir nutzen, um Meister unserer selbst zu werden!

Wir nutzen die Pausen, die Momente, wo die Zeit stillsteht, um zur Ruhe zu kommen, zu atmen, um uns wieder bereitzumachen, um uns zu stärken.

Der lebensfrohe Gelson Fernandes

Fernandes strotz nur so vor Lebensfreude, Neugier und Offenheit.

Er kommt zu mir in einer Zeit, in der er wenig im Einsatz steht, in der er als junger Spieler viel kritisiert wird und viel einstecken muss. Er tritt zu mir, mit einem Lächeln im Gesicht und ganz offen: «Ruedi, ich glaubs einfach nicht: Der Trainer kritisiert mich ständig, und ich verstehe nicht, warum ich nicht spiele! Was kann ich machen?»

Ich erwidere: «Super! Das ist deine Chance, jetzt das zu lernen, was du für eine grosse Karriere brauchst: Einstecken, lernen, mit Kritik, mit Widerständen, mit der Rolle als Ersatzspieler umzugehen und trotzdem dranzubleiben, offen für Neues. Nicht jammern und klagen und die beleidigte Leberwurst spielen. Sondern dich vorbereiten auf den Moment, wo deine Chance kommt.»

In dieser Situation hat er ein für allemal verstanden, alles Schwierige und Negative als Chance zu nehmen, um zu lernen, sich durchzusetzen und in Zeiten der Zweifel und der Kritik gelassen zu bleiben und den Mut nicht zu verlieren.

Wir lernen als Führungsspieler beim Reiten auf wilden Pferden, die Zügel in die Hand zu nehmen, Verantwortung zu tragen und Vorbild zu sein.

Wir meditieren am frühen Morgen und atmen immer wieder, bis jeder die Kraft des Atmens spürt. Bis das Prinzip «Erfolg auf Knopfdruck» verinnerlicht ist. Bis wir SWISS sind.

Wir sind auf der Überholspur: Wir haben schon am Anfang das Ende im Sinn. Wir stellen uns den Erfolg vor. Wir versorgen unser Unterbewusstsein ständig mit Gedanken und Bildern, bis am Ende schliesslich ein grossartiges inneres Bild eines Fussballers, einer Persönlichkeit entsteht: souverän, entschlossen, kampfstark, spielfreudig, hilfsbereit – immer wieder, bis es der Kopf glaubt.

Wir lernen die Möglichkeit des schnellen Umschaltens kennen: von «anders denken» auf «anders fühlen». Wir lassen unseren Körper sprechen und zeigen so unsere Stärke: Vertrauen, Entschlossenheit, Souveränität, Zusammenhalt, Mut, Spielfreude, Durchsetzungskraft. Egal, wie schwierig die Situation ist: Wir zeigen Stärke.

Wir dürfen Fehler machen. Wir wissen, dass Fehler zum Spiel gehören. Wir lernen, Fehler zu akzeptieren und stark zu bleiben. Wir bereiten uns so auf Fehler vor. Wir wissen, wie wir uns nach Fehlern verhalten werden. Wir verlieren die Angst vor Fehlern, vor dem Scheitern und gewinnen an Leichtigkeit und Selbstsicherheit.

Der durchsetzungsstarke Tranquillo Barnetta

Barnetta ist ein Spieler, der den Mut zum Ego, zum Risiko nicht scheut und gleichzeitig sich und seine Qualitäten bedingungslos in den Dienst der Mannschaft stellt. Er ist längst ein Meister im Meistern von Rückschlägen und Krisen, vor allem von «kleinen Krisen» während eines Matchs. Krisen, die der Zuschauer gar nicht wahrnimmt.

Zu Beginn unserer Zusammenarbeit muss ich ihn immer wieder darauf hinweisen, dass es besser für ihn ist, wenn er akzeptiert, was auf dem Platz alles passiert. Früher hatte er stets gemeint, er müsse immer und immer weitergehen, den Fehler wieder gutmachen, und verkrampfte sich dabei.

«Je besser du lernst, mit einem Fehler umzugehen, desto erfolgreicher wirst du spielen.»

Er hat das nicht nur sehr schnell kapiert. Er ist auch intelligent genug, die Erkenntnis umzusetzen.

«Heute weiss ich, dass Fehler zu meinem Spiel nach vorn gehören, ich habe gelernt, sie zu akzeptieren, zu atmen, zu entspannen und immer wieder zurück zum Einfachen zu gehen. Also auch in heiklen Situationen besser mal einen Schritt zurück zu machen, als mit dem Kopf durch die Wand gehen zu wollen. Bis dorthin, wo ich mich sicher fühle.»

Der gezielte Umgang mit Fehlern hat bei ihm alle Bremsen gelöst: Er denkt und geht nach vorn, er ist und bleibt einfach. Er setzt sich durch, ungeachtet aller Widerstände.

Wir lernen den Mut zum Ego und die Kunst des Miteinanders.

Wir machen Respekt und Disziplin zu unseren festen Werten.

Wir wissen, dass wir allein nichts sind. Wir haben Vertrauen in den Mitspieler, weil jeder Vertrauen in sich selber hat.

Wir entfachen Feuer als Symbol für unser inneres Feuer, wir laufen über den fiktiven Feuerteppich und spüren dabei vor allem eines: eine unglaubliche Kraft als Team.

Wir sind eine verschworene Einheit mit gemeinsamen und klaren Zielen, unterwegs mit dem Versprechen, in allen extremen Situationen zusammenzustehen, zusammenzuhalten, unterwegs mit der Lust und der tief verinnerlichten Botschaft: «Wir sind da, um zu gewinnen!», und unterwegs mit dem wunderbaren Gefühl: «Ich bin bereit. Wir sind bereit!»

Wir folgen den einfachen Prinzipien, die Erfolg bringen, wir haben SWISS verinnerlicht! Konsequent bis zur ultimativen Herausforderung: dem Penaltyschiessen im Final gegen Frankreich – wir sind bereit für den wichtigsten Schlag – er ist in unserem Kopf, in unserem Herzen.
Am Ende steht der Gewinn der U-17-Europameisterschaft in Dänemark. Der grösste Erfolg in der Geschichte des Schweizer Fussballs.

Wir geniessen es und sind dankbar für das Geschenk, das dieser grosse Sieg uns gebracht hat: das Selbstvertrauen und die absolute Gewissheit, dass alles möglich ist.

Wir wissen: Zusammen sind wir stark; wenn wir das geschafft haben, können wir auch alles andere schaffen. Jener kleine Vorsprung gegenüber anderen, der über Sieg und Niederlage entscheidet, dieses Gefühl, diese Sicherheit, dieses Selbstvertrauen, das bis jetzt gefehlt hatte in unseren rot-weissen Köpfen, war jetzt plötzlich da!

Heute wissen wir, dass wir verrückte, freche, im sportlichen Sinn gefährliche Typen sind, die täglich eins tun: Verantwortung übernehmen.

Heute wissen wir, dass jeder von uns ein eigener unverwechselbarer Typ ist, der weiss, dass unerschütterliches Selbstvertrauen von innen kommt.

Wir wissen, wir haben es bewiesen: Frechheit siegt!

Teil 3

Die Praxis – Inspirieren Sie andere dazu, zu ihrer Frechheit zu finden

Kapitel 10

SWISS *go together* – Die Kunst des Führens

> «Die höchste Form menschlicher
> Motivation ist Vertrauen.»
> (Stephen R. Covey)

Wer führt wirklich? Meiner Erfahrung nach nur derjenige, der die Menschen, die ihm anvertraut wurden, bestätigt, an sie glaubt und ihnen hilft, ihr inneres Potenzial zu entdecken und zu realisieren. Das schlummernde Potenzial in uns allen ist unendlich gross. Es ist unvorstellbar, wozu wir fähig sind, wenn wir im besten Sinne «frech» sind, frech sein dürfen, weil wir im Vertrauen sind – und dies im doppelten Sinne: Jemand traut uns das Beste zu, und wir getrauen uns deshalb, unser Bestes zu geben. Es ist eigentlich ganz einfach! Führen ist die Kunst, dieses Potenzial in uns selbst und in unseren Mitmenschen, auch in den uns anvertrauten jungen Menschen, freizusetzen. Dies ist meine Vision, von der ich mich führen lasse.

Jahre nach meinem Kanada-Erlebnis führte mich der Zufall – nein, meine Vision! – während eines Motivationstrainings auf einen Pferdehof. Ich hatte meine Erfahrung in Kanada fast ganz vergessen. Als ich die Pferde sah, eine grosse Herde auf der Weide, erinnerte ich mich wieder an meinen Ausritt von damals. Ich kam mit dem Besitzer des Hofs ins Gespräch.
Ich erzählte ihm von meinem Ausritt in Kanada, und während ich darüber sprach, wurde mir plötzlich klar, dass mein Pferd mir damals eine wichtige Lektion erteilt hatte, eine Erkenntnis, die zwar banal klingt, aber für manche Führungskraft nicht selbstverständlich zu sein scheint: «Nimm die Zügel in die Hand, wenn du führen willst.»

Diese banale Erkenntnis hatte ich bei meinem nur scheinbar störrischen Pferd in Kanada leibhaftig erlebt und erfahren. Mir kam eine Idee: Könnte ich diese Erfahrung nicht auch hier auf diesem Pferdehof anderen Menschen und vor allem Führungskräften zugänglich machen in einem darauf zugeschnittenen Training mit Pferden? Pferde als lebendig spielerischer Spiegel für das eigene Führungsverhalten, die eigene Kommunikation und Körpersprache. Denn das Umfeld und die menschlichen Bedingungen für Führungskräfte haben sich grundlegend verändert. Neuorientierung ist gefragt, und alte Werte wollen neu verstanden und menschengerecht eingeübt werden.

Der Trainer ist immer schuld
Die Welt hat sich verändert. Wir wissen es alle. Geblieben ist, so flach sie auch sein mag, die Hierarchie. Geführt wird von oben nach unten. Der Einfluss des Trainers, des Chefs ist also nicht kleiner geworden. Sondern noch grösser. Seine Aufgabe ist nicht einfacher, sondern schwieriger geworden. Weil sich unsere Gesellschaft und damit das Verhältnis zwischen Trainer und Spieler, zwischen Chef und Angestelltem verändert haben. Es ist die gesellschaftliche Veränderung, die wir ganz allgemein mit dem Jahr 1968 in Verbindung bringen. Seither werden alle Autoritäten – Lehrer, Eltern, Trainer, Pfarrer – hinterfragt.

Auf meine Frage, was denn heutzutage die Trainerarbeit so schwierig mache, hat mir Giacinto Facchetti einmal gesagt: «Früher war der Trainer wie ein strenger Vater und der Spieler wie ein gehorsames Kind. Der Spieler hat die Befehle des Trainers ausgeführt und nicht hinterfragt. Heute wird der Trainer als Autorität in Frage gestellt. Er muss seine Spieler durch die Kraft seiner Persönlichkeit für sich und seine Ideen gewinnen. Ein moderner Trainer zeichnet sich durch eine grosse Flexibilität aus, er spürt, was ein Spieler braucht, und weiss, wann er ver-

ständnisvoll und grosszügig sein darf, und ebenso, wann es Zeit ist, streng und unnachgiebig zu sein, oder gar, wann es notwendig ist, den Spielern Dampf zu machen.»
Der 2006 verstorbene Facchetti wusste, wovon er sprach. Er war Captain der italienischen Nationalmannschaft, als Spieler von Inter Mailand unter Trainer Heleino Herrara eine zentrale Figur bei der Umsetzung des legendären Spielsystems «Cattenacio» und später Präsident dieses Klubs.

In keinem anderen Geschäft ist es so schwierig, Chef (Trainer) zu sein wie im Sportbusiness. Der Sport ist noch immer klarer und wahrer als das Leben. Das Resultat und die Art und Weise, wie es zu diesem Resultat gekommen ist, sind sofort für alle ersichtlich. Der Trainer sitzt buchstäblich im Glashaus. Die Rolle des Trainers als Führungspersönlichkeit wird immer wichtiger, aber auch immer schwieriger. Er trägt heute die alleinige Verantwortung beziehungsweise muss den Kopf hinhalten für alles, für die Leistung, schlussendlich fürs Resultat. Langer Rede, kurzer Sinn: Ob meine Mannschaft gewinnt oder nicht, ob die Spieler Selbstvertrauen haben, frech attackieren, auf den Platz gehen, um zu gewinnen, oder ob sie als Angsthasen auftreten und bloss spielen, um nicht zu verlieren – dafür bin ich als Trainer allein verantwortlich. Das ist heute der Hauptjob für alle Führungskräfte: Ängste und Zweifel nehmen und so Vertrauen und Selbstsicherheit aufbauen.
Das Wie entscheidet heute über mein Schicksal als Führungspersönlichkeit!

Erstens stellt sich also die Frage, wie ich selbst frecher, mutiger und selbstbewusster werden kann. Zweitens und im gleichen Atemzug, wie ich als Leader meine Mitarbeiter, meine Mitmenschen für meine Ideen begeistern, wie ich sie in möglichst kurzer Zeit frech, selbstbewusst und stark machen kann und sie sich gleichzeitig in den Dienst der Mannschaft, des Teams stellen.

go together – Das erfolgreiche Miteinander

Es gibt keinen Sololauf zum Erfolg und zur Zufriedenheit. Grosse Leistungen sind immer das Produkt von Führung, Partnerschaft und Zusammenarbeit. Nur wer es versteht, auch die Menschen in seinem Umfeld zu Höchstleistungen zu motivieren, wer die Kunst des Miteinanders versteht, kann – gemeinsam – Grosses leisten.

Ich habe dafür ein Training entwickelt: die Arbeit mit Pferden. Warum mit Pferden? Es ist ganz einfach: Das Pferd ist für uns Menschen wie ein Spiegel, es gibt mir klar, ehrlich und spontan eine Antwort auf mein Verhalten als Leader. Das Pferd als Flucht- und Herdentier weiss, dass es allein nicht überleben kann, dass Kooperation wichtig ist. Pferde haben dieselben Bedürfnisse wie wir Menschen, wenn es um Kooperation geht. Sie wollen Vertrauen, Sicherheit haben und ihren Spieltrieb ausleben dürfen. Pferde leben in einer Hierarchie, wo jedes seine Rolle hat. Sie benötigen und schätzen wie wir Menschen eine konsequente und respektvolle Führung.

Was wird heute verlangt von einer Führungspersönlichkeit? Oder anders gefragt: Was für Bedürfnisse hat das geführte Gegenüber? Es genügt längst nicht mehr, grosse Reden zu halten, den Menschen Befehle zu erteilen, die Peitsche auszupacken und zwischendurch ein wenig versöhnlich zu sein. Das Prinzip «Zuckerbrot und Peitsche» funktioniert nicht mehr.
Nur wer seine Spieler, seine Mitarbeiter versteht, respektiert, fördert und nicht nur fordert, wird nachhaltig erfolgreich sein. Über 80 Prozent des Erfolgs eines Trainers, eines Chefs hängen davon ab, wie er oder sie mit seinen respektive ihren Mitmenschen umgeht. Dasselbe gilt auch für Lehrer und Eltern.

So entstand auf der Basis aller wichtigen Erkenntnisse aus der Erfolgsstudie das Führungstraining: SWISS *go together*.

Es geht in diesem Führungstraining um die Kunst, eine auf Vertrauen basierende Beziehung herzustellen, um ein erfolgreiches Miteinander, um den Mut, Verantwortung zu übernehmen und zu führen.
Es geht um das Erfolgsgeheimnis aller grossen Trainer und Führungspersönlichkeiten: die Balance zu halten zwischen Verstehen und Führen, zwischen Fördern und Fordern, zwischen weich und hart, zwischen sanft und konsequent, zwischen entspannt und entschlossen, zwischen Herz und Biss.

go together in der Praxis
Ich sehe ihn noch heute vor mir: Ralph Krueger, der noch nie auf einem Pferd gesessen hatte, wie er sich nach intensiver Vorbereitung, die er gemeinsam mit seinen Trainerkollegen durchlaufen hatte, einfach aufs Pferd schwingt und stolz wie ein kleiner Junge, mit leuchtenden Augen vom Pferd oben mir zuruft: «Ruedi, jetzt weiss ich, wie wichtig das Atmen ist!» Wie hat er das geschafft?

Ich gebe das Wort einem Journalisten, der über einen längeren Zeitraum meine Arbeit begleitet hat. Er hat die unterschiedlichsten Gruppen erlebt: Trainer, Sportlerinnen, Manager, Verkäuferinnen, Führungskräfte, Eltern, Entscheidungsträger, Männer und Frauen.

Er schreibt in seiner Reportage:

SWISS go together *ist eine faszinierende Möglichkeit, den «Empathiemuskel» und den «Bissmuskel» auf spielerische Art zu trainieren. So unterschiedliche Führungspersönlichkeiten wie Ralph Krueger, Köbi Kuhn, Marcel Koller, Mladen Petric oder Tranquillo Barnetta haben SWISS* go together, *das überwältigende Abenteuer der Begegnung mit dem wilden Pferd, angenommen und für sich genutzt. Und viel Spass dabei gehabt!*

Am Anfang steht die Angst: «Das mach ich nie!» Am Ende ist da nur noch dieser Stolz: «Ich habs getan!»
Er begegne ich zum ersten Mal zu Beginn eines Trainings mit einer Gruppe von Führungskräften. Ruedi Zahner begrüsst uns auf dem Reitplatz des Pferdehofs und kommt dann schnell und überraschend zur Sache:
«Heute morgen werden wir am Fundament, am Vertrauen arbeiten, das euch am Nachmittag das Überleben garantiert! Das wichtigste Lebensgeheimnis, um aktiv zu sein, um entschlossen dranzubleiben, ist die Ruhe, die Gelassenheit. Denn heute werdet ihr oft an die Grenze kommen und in Kontakt mit Angst, Unsicherheit und Zweifel. Da hilft nur eines: atmen, entspannen. In der Ruhe liegt die Kraft.»

Ich bin überrascht durch diese Ankündigung und etwas beunruhigt. Was kommt da auf uns zu?
Aber lange können wir nicht überlegen, denn es geht sofort weiter. Das Team bekommt die Aufgabe, eine Herde von rund dreissig Pferden von der Weide über einen vorher festgelegten Weg hinunterzutreiben in den Korral. Wir müssen etwas überfordert dreingeschaut haben.
«Macht es einfach!», sagt Ruedi.
Und Jakob, der Hofbesitzer und Pferdetrainer, meint nur trocken: «Schaut, dass ihr keins oben vergesst!»
Ist aber nicht so einfach, denn die Pferde wollen auf der Weide bleiben, wie sich herausstellt. Sie haben keinen Respekt vor uns.
«Ihr müsst zeigen, dass ihr da seid!», ruft Ruedi herüber.
Ruedi und Jakob sitzen am Rand der Weide auf dem Zaun. Die beiden wirken irgendwie, ja, wie zwei alte Cowboys, die sich einen Spass mit uns Greenhorns machen.
«Geht in die Mitte!», ruft Ruedi.
Also gehen wir, neun Männer und sechs Frauen, in die Mitte der Weide, mitten unter die Pferde, bleiben auf einem Haufen stehen und machen gar nichts. Die Pferde nehmen zunächst

keine Notiz von uns, scheinbar, denn es ist deutlich zu spüren, dass sie uns beobachten. Allmählich kommen sie näher. Wir bleiben stehen. Etwas beunruhigt sind wir schon, denn aus der Nähe ist ein Pferd ziemlich gross. Und dreissig Pferde ohne den schützenden Zaun dazwischen beflügeln die Fantasie. Ich fühle mich als Eindringling in einer uns fremden, verschlossenen Welt. Die Pferde wollen der Gruppe Menschen die Mitte streitig machen, das wird allmählich klar. Oder sind sie nur neugierig?

Plötzlich springt ein Pferd mit allen vieren in die Luft und jagt den Hang hinauf. Und wie auf Kommando tobt die ganze Herde hinterher. Erde wird aufgewühlt, Gras fliegt durch die Luft.

Wir bleiben stehen, wo wir sind. Was sonst?

Mit einem Mal gibt es nur noch uns und die Pferde, die uns umkreisen, umtoben. Wir halten den Atem an und verfolgen bangen Herzens den Aufruhr um uns herum und wissen ohne Worte, dass wir jetzt standhalten müssen. Ich höre Ruedis Stimme: «Atmen! In der Ruhe liegt die Kraft!» Jetzt also ist es so weit. Und tatsächlich, ich tue es. Und ich kann spüren, einige aus der Gruppe atmen auch ganz bewusst.

Wir tun es ganz instinktiv, weil wir keine andere Wahl mehr haben. Wir atmen tief durch und bleiben in all dem Aufruhr ruhig stehen. Mit einem Mal verändert sich die Szenerie. Ich kann diesen wilden Aufstand der Pferde bewusst wahrnehmen und geniesse ihre Wildheit und ihre Lebensfreude. Den anderen geht es offenbar genau so. Unsere Augen leuchten. Das ist doch toll, so mitten drin! Indianergefühl!

Und plötzlich grasen die Pferde wieder brav und in aller Ruhe, als könnten sie kein Wässerchen trüben. Ich habe plötzlich das Gefühl, die Pferde stecken mit den beiden Cowboys drüben auf dem Zaun unter einer Decke.

Wir besprechen uns, wie wir es machen sollen, die Pferde von der Weide zu bekommen, und beschliessen, eine Menschenkette zu bilden.

Einige Pferde machen sich tatsächlich auf den Weg zum Korral. Aber immer wieder finden andere eine Lücke und setzen sich gegen unsere Formation durch.
«Hey, durchsetzen! Mit der Stimme, mit den Armen! Durchsetzen!», ruft Ruedi.
Wir setzen alles ein. Es wird ein Riesenspektakel, und die Pferde bekommen Respekt vor uns. Schliesslich haben wir sie alle unten. Wir sind stolz auf unsere Leistung als Team. Dafür gibt es Lob von Ruedi und Jakob.
«Jetzt haben die Pferde eure Anwesenheit akzeptiert. Das müsst ihr jetzt nutzen und euch euer Pferd aussuchen.»

Der erste Kontakt ist der wichtigste

Die Pferde stehen dicht an dicht im Korral, und wir sollen jetzt da hinein und uns zwischen den Pferden bewegen. Schon ein bisschen unheimlich. Wenn sie mir jetzt auf den Fuss treten?
«Das schönste Pferd ist nicht unbedingt das beste für euch», bemerkt Jakob. «Die Apfelschimmelstute zum Beispiel leitet die Herde. Die flirtet gern und versucht, sich deiner Führung zu entziehen. Die wird von meiner Frau geritten.»
Aha, so ist das.
«Die erste Begegnung mit eurem Pferd ist die wichtigste», unterbricht ihn Ruedi. «Die erste Begegnung bestimmt eure weitere Beziehung entscheidend. Trefft eure Wahl mit dem Herzen.»
Nach einer Weile haben wir uns an dieses dichte Zusammensein mit den Pferden gewöhnt. Es ist eigentlich sogar gemütlich, der Pferdegeruch, das Schnauben und Schieben. Und nach einer Weile schieben wir mit, berühren ein Pferd hier am Hals, kraulen ein anderes da in der Mähne, bis jeder von uns herausgefunden hat, welches Pferd das richtige für ihn ist. Ich habe erst daran gezweifelt, ob ich das wirklich «mit dem Herzen» entscheiden kann, aber dann war es eigentlich ganz einfach. Mir gefiel ein Pferd mit braunem Fell und einer weis-

sen Blesse auf der Stirn. Ich habe das Gefühl, das ist mein Mustang. Ausserdem ist es nicht zu gross und wirkt doch stark. Ich bin eine Weile neben ihm stehen geblieben und habe ihm den Hals geklopft und er, es war wohl ein er, ist nicht weggegangen. Ich will es mit ihm probieren.
«Willst du wissen, wie er heisst?», fragt Jakob.
«Ja.»
«Er heisst Verdi. Du kannst ihn nur mit einer Arie gewinnen! Er liebt Opernmusik.»
Aha! Allmählich kenne ich die Scherze von Jakob. Ich habe Verdi auch ohne Arien gewonnen. Aber ganz einfach war das nicht.

Einander verstehen
Ruedi gibt uns eine Einführung, bevor wir mit unserem Pferd den Korral verlassen:
«Du musst das Pferd überzeugen, dass es dir die Führung überlassen soll, nicht unterwürfig, sondern innerhalb einer Partnerschaft, wo einer das Sagen hat. Das Pferd muss spüren, dass du das Sagen hast und sein Leader bist. Dies gelingt dir nur, wenn du dem Pferd die Sicherheit, das Gefühl gibst, dass es dir vertrauen kann.
Und wie geht das? Die Körpersprache schafft Vertrauen. Du kannst das Pferd nur mit der Körpersprache erreichen. Das klingt vielleicht banal, das Pferd kann ja nicht sprechen, sagst du. Aber die Körpersprache ist nicht nur beim Pferd der eigentliche Schlüssel zu einer kooperativen Beziehung. Die läuft beim Menschen wie beim Pferd über das Vertrauen. Das Wichtigste sind deine innere Ruhe und die konsequente Führung, die geben dem Pferd Sicherheit und Orientierung. Nimm die Zügel in die Hände. Mit Herz. Das Pferd möchte sich mit dir wohlfühlen, in einer angstfreien Umgebung seinen Spieltrieb ausleben, seine Grenzen ausloten. Das ist die Hauptaufgabe jedes Chefs, jedes Trainers, Lehrers, auch von Mutter

und Vater: Ängste zu nehmen und Vertrauen aufzubauen. So entsteht Spielfreude und Eigeninitiative oder neudeutsch: Motivation.
Druck machen, Angst machen bremst, zerstört und führt zu Misstrauen.
Sobald die Angst zu versagen, Fehler zu machen, aus den Köpfen ist, entsteht Vertrauen, das Fundament, um ‹frech› zu sein.
Wie im Leben hängt auch heute dein Erfolg davon ab, ob du genügend Vertrauen schaffen kannst oder nicht.

Die erste und wichtigste Frage des Pferdes ist: ‹Kann ich dir vertrauen?› Es prüft und beobachtet dich ständig, es spiegelt dich. Hast du Angst, hat auch das Pferd Angst. Bist du entspannt, ist auch das Pferd entspannt, fühlst du dich wohl, fühlt sich das Pferd mit dir wohl. Stehst du fest auf beiden Beinen da, wird dir das Pferd Vertrauen schenken. Ist deine Gestik klar, wird dir das Pferd folgen. Ist dein Schritt aufs Ziel ausgerichtet, kommt das Pferd mit. Sind deine Signale eindeutig, wird das Pferd sich führen lassen.

Das erste Ziel, wenn du mit deinem Pferd Grosses erreichen willst, du musst wissen, was du willst und selbst überzeugt sein von deinem Weg.
Die Rollen müssen klar verteilt werden.
Das heisst: Stell dich fest mit beiden Beinen auf die Erde vor das Pferd und schau es an. Atme tief und entspannt und lass den Körper sprechen: ‹Ich weiss, was ich will, ich bin entschlossen, ich führe dich, bei mir bist du sicher.› Ob dich das Pferd als Führer akzeptiert, entscheidet deine Körpersprache. Denn die versteht das Pferd blitzschnell.

Die grosse Frage heute ist: Wer führt wen?
Die Führungsrolle verlangt von dir, dass du sie dir nicht neh-

men lässt. Immer aufmerksam sein, dranbleiben, konsequent sein. Sofort eingreifen, wenn das Pferd versucht, die Rollen zu tauschen.
Wie im Leben auch: Immer wach sein, nichts anbrennen lassen, klar und bestimmt sein.
Denn das Pferd prüft dich etwa so: ‹Ist er noch da, mein Chef, bist du wirklich mein Chef? Gehen wir mal ein bisschen zur Seite und fressen. Mal sehen, was er macht.› In diesem Moment heisst es sich sofort konsequent durchsetzen: ‹Ich habe das Sagen! Ich entscheide, wann es Fressen gibt! Jetzt geht es hier lang!› Hinstehen und sanften Druck geben: ‹Ich führe!› Dann spürt das Pferd, alles ist in Ordnung, und wird dir sofort folgen. Doch es wird dich immer wieder prüfen, immer wieder Grenzen ausloten, immer wieder provozieren, bis es sicher ist, dass du führst. Ansonsten führt es dich, und du rennst dem Pferd hinterher, und das wollen wir definitiv heute nicht.»

Oha, eine lange Rede! Aber ich spüre die Begeisterung, von der Ruedi bei diesem Thema getragen ist. Und er gibt diese Begeisterung an uns weiter. Gespannt schaue ich zu meinem Pferd hinüber. Verdi steht völlig entspannt zwischen den anderen Pferden auf drei Beinen, das vierte Bein hinten links leicht angewinkelt mit aufgesetzter Hufspitze, und träumt. «Es ist ihm vielleicht etwas langweilig», denke ich.
Die nächste Übung besteht darin, dem Pferd das Halfter anzulegen. Das braucht gute Vorbereitung und Üben mit einem menschlichen Partner, der in die Rolle des Pferds geht. Bald hatten wir den Trick herausgefunden. Dann wird es ernst. Jeder geht zu seinem Pferd. Ich habe grosse Sorgen, ob Verdi einverstanden ist mit dem Halfter. Aber es geht dann leichter, als ich gedacht habe. Es ist zu spüren, dass die klaren Handgriffe, die wir eingeübt haben, dem Tier Vertrauen einflössen, sodass es sich ohne grosse Umstände das Halfter

anlegen lässt. Es spürt wohl auch, dass es jetzt etwas zu erleben gibt. Dass es losgeht.
Dann soll ich mein Pferd am Halfter führen.
«Einfach das Ziel ins Auge fassen und überzeugt losgehen!», hatte Jakob uns eingeschärft.
«Dein Blick muss klar aufs Ziel ausgerichtet und dein Schritt muss dynamisch sein. Du musst wissen, wo es langgeht!»
Also nehme ich das Halfter in halber Länge in die Hand, wie wir es geübt haben, und ziehe. Das hat zunächst einmal keine Wirkung. Verdi bleibt stehen.
«Geh einfach los!», ruft Ruedi. «Du musst losgehen, nicht erst ziehen und dann vielleicht losgehen! Entscheide und geh voran!»
Das ist deutlich und trifft mich unerwartet tief. Es ist in meinem Leben oft so gewesen. Ich habe immer wieder nur gezogen, ohne mich wirklich zu entscheiden, los und voranzugehen. Ich versuche diese Erkenntnis jetzt umzusetzen und schaue Verdi an. Eine Welle von Sympathie durchströmt mich. Was für ein wunderschönes Wesen dieses Pferd doch ist! Und ich habe plötzlich Lust, mit ihm loszugehen ins Abenteuer, an die Grenze zu gehen. Ich gehe los, und alles ist plötzlich ganz leicht. Verdi geht einfach mit mir mit.
Ich bin euphorisch, wie so oft in meinem Leben, wenn mir etwas unerwartet gelingt. Ich sehe mich schon als Meister der Pferdeflüsterer.
Verdi bleibt unvermittelt stehen. Ich habe ihn für einen Moment fast vergessen.

Das Grundprinzip des Pferdeflüsterers

«Du träumst!», höre ich Ruedis Stimme. «So kannst du nicht führen. Du weisst nicht, wohin du gehst. Das merkt das Pferd.»
Ich reisse mich zusammen und atme tief durch. Los gehts! Ich lege Power in meinen ersten Schritt. Verdi versteht sofort und

folgt. Er ist offenbar nicht nachtragend. «Hey!», denke ich, «er mag dich!» Ein tolles Gefühl. Von da an sind wir gut zusammen unterwegs.
Wir kommen bei einem Bankmanager vorbei, der offenbar die gleichen Probleme mit seinem Pferd hat wie ich. Aber er kann das Grundprinzip des Pferdeflüsterers nicht so recht umsetzen: «So sanft wie möglich, so konsequent wie nötig.»
Er zerrt hart und ungeduldig am Zügel. «Chomm jetzt, du huere Esel, tue jetzt ned so saublöd!»
Sein Pferd bleibt ob dieser Worte völlig unbeeindruckt stehen und legt die Ohren an.
Stolz ziehe ich mit Verdi vorbei und denke, zugegebenermassen etwas überheblich: «So gehst du also mit deinen Kindern um. Oder mit deinen Mitarbeitern!»
Laut rufe ich ihm zu: «Atmen, Fredy!»
Das lässt ihn kurz innehalten. Ich bekomme einen wütenden Blick zugeworfen. Aber er schimpft jetzt nicht mehr weiter. Dann höre ich hinter mir sein Pferd wiehern. Ich schaue mich um. Sein Pferd will mit uns mit! Es ist wohl einfach von selbst losgelaufen, und sein Chef versucht es nun mit aller Kraft zum Stehen zu bringen. Ich muss mich um Verdi kümmern und lasse sie weiter miteinander ringen.
Ich bin jetzt neugierig geworden, wie es den anderen ergeht mit dieser Übung und schaue mich um. Die meisten haben ihr Pferd in Bewegung gebracht. Wir sind jetzt alle in einem grossen Kreis unterwegs auf dem Reitplatz des Hofs. So komme ich an einem Manager vorbei, der offenbar noch keine Beziehung zu seinem Pferd zustande gebracht hat, zu einer sehr hübsch gebauten, weissen Stute, die etwas nervös zu sein scheint und so tut, als ob sie ihren Leader absolut nicht versteht, nicht verstehen will.
«Dududududu», sagt der Manager, als spreche er mit einem Baby, «komm, dududududu, jo gäll, bisch es Liebs!» Jetzt weiss ich, warum die Stute den «Gönzel» macht. Sie fühlt sich

nicht ernst genommen. Ich deute übungshalber ihre Körpersprache: «Was will das Weichei denn von mir. Ich bin doch kein Bébé! Hör auf mit dem Gesalbe. Sag mir lieber, was ich machen muss!», scheint sie zu sagen. Und sie nutzt die Situation, um sich ein bisschen in Szene zu setzen. Plötzlich legt sie sich hin und schaut ihn blöd an: «Was jetzt?», scheint sie zu fragen. «Bist du der Chef oder nicht?»
Ich sehe noch, wie Ruedi herübergeschlendert kommt und sich neben den Manager stellt und ihn coacht:
«Jetzt ist weniger Harmonie, sondern ein Schuss Aggressivität angesagt, oder? Kannst ruhig mal einen drohenden Raubtierblick aufsetzen, der ihr zeigt, dass du böse bist, nicht einverstanden bist mit ihrem Verhalten, dass schlussendlich du das Sagen hast, oder?» Das scheint geholfen zu haben. Die Stute lässt sich nun auch im grossen Kreis herumführen.
Es ist ein gutes Gefühl, das Pferd zu führen. Diese geballte Kraft an deiner Seite. Du spürst seine Lust an der Bewegung und einen gewissen Übermut. Und dann ist da das gute Gefühl, wir können jetzt gemeinsam etwas Grosses unternehmen.
Nachdem wir uns jetzt mit unseren Pferden vertraut gemacht haben, binden wir die sie am Zaun an und setzen uns mit Ruedi zu einer Zwischenbilanz zusammen. Allen steht die Aufregung noch ins Gesicht geschrieben. Gut sehen wir aus, finde ich. Wach mit geröteten Gesichtern.

Hoch zu Ross

«Ja», sagt Ruedi. Er sitzt auf einem grossen Findling im Hof und schaut gelassen in die Runde. «Dieses war der erste Streich, doch der zweite folgt sogleich. Wir gehen jetzt einen Schritt weiter. Aufsteigen. Dafür braucht es die Zustimmung des Pferds. Ihr müsst dranbleiben und weiter in die Beziehung zu eurem Pferd investieren. Das zahlt sich aus. Wenn das Pferd dir vertraut, gibt es keine Grenzen nach oben. Häufig unterschätzen wir diesbezüglich unseren Partner. Pferde wollen wie Menschen geliebt, akzeptiert und verstanden werden. Du musst das Pferd überzeugen, dass es bei dir sicher ist. Dann lässt es dich gern aufsteigen. Es braucht dafür klare Signale. Das Wichtigste ist, dass du ruhig und mit einer freundlichen Konsequenz an die Sache gehst, besonders in einer Stresssituation. Das Pferd spürt genau und viel schneller als wir, wenn dein Adrenalinspiegel steigt. Das löst bei ihm Fluchtimpulse aus. Es wird unruhig. Es wird ängstlich. Also müssen wir lernen, unseren Adrenalinspiegel unter Kontrolle zu bringen. Wodurch? Durch bewusstes Atmen. Den Stress, die Unruhe ausatmen. In der Ruhe liegt die Kraft, beziehungsweise langsam ist schnell. Also, an die Arbeit. Dranbleiben, liebe Freunde!»

Das beste Beispiel für die Wirksamkeit dieser Anweisung, die uns Ruedi mitgab, habe ich in einem Training miterlebt, an dem der Fussballtrainer Marcel Koller mit seinen vier wichtigsten Spielern, den Führungsspielern des Grasshoppers Club Zürich, teilnahm. Unter den vieren war auch der kroatische Nationalspieler Petric. Wir standen beide dabei, als Koller sich sein Pferd vertraut machte. Das ging so schnell, und es war erstaunlich zu beobachten, mit welcher Ruhe und mit wie wenig Aufwand dieser eher unauffällige Mann das Vertrauen seines Pferdes gewonnen hatte – und schon sass er oben!
Vor allem Petric staunte über diese natürliche Stärke seines Trainers, Ruhe auszustrahlen, und darüber, was er damit bewirken konnte.

«Das erinnert mich an Hitzfeld», sagte Ruedi zu mir. «Als Franck Ribéry einmal gefragt wurde, was er an Hitzfeld am meisten schätze, da hat er geantwortet: ‹Seine Ruhe.› Es ist die am meisten unterschätzte Fähigkeit eines Trainers und jeder Führungspersönlichkeit.

Denn Menschen die in der Verantwortung stehen, haben ständig Konfliktsituationen zu meistern. Win-Win-Situationen entstehen selten, wenn der Chef selber unter Druck und gestresst ist oder emotional belastet ist! Stress gehört heute dazu. Unter grossem Stress die Ruhe zu bewahren, gelassen und klar zu bleiben, ist einer der wichtigsten Führungsqualitäten: Ruhe auszustrahlen schafft Vertrauen und Sicherheit.»

Es klappt nicht immer auf Anhieb mit dem Aufsteigen. Ich erinnere mich an einen Verkaufschef, der mit seiner sonoren Stimme ziemlich herumgeprahlt hatte. Das Pferd liess sich davon nicht beeindrucken. Es liess ihn nicht aufsteigen. Kein Trick verfing. Und alle spürten, dass es irgendwie im Recht war. Es fühlte sich nicht sicher bei ihm. Warum sollte es sich also reiten lassen?
Ein anderer musste seine Lektion auf die schmerzhafte Weise lernen. Er war so verkrampft, dass man sich in seiner Gegenwart unwillkürlich mitverkrampfte.
«Du musst deine Ängste loslassen, ausatmen!», hatte Jakob ihn unterstützt. Aber offenbar war er nicht mehr in der Lage, seine Verkrampfung zu spüren. Er kam irgendwie aufs Ross rauf, das Pferd bockte, und er entschied sich, kontrolliert abzusteigen, weil er lieber festen Boden unter den Füssen haben wollte.
«Merkst du jetzt, was ich meine mit entspannen, Ängste ausatmen?», fragte ihn Jakob.
«Aber ich bin doch völlig entspannt!», wehrte sich der Mann.
«Das Pferd ist einfach nur bockig!»
«Warum hast du denn dann dieses Büschel Pferdehaar immer noch in der Faust?»
Er schaute völlig verdutzt auf sein Hand, die tatsächlich ein Büschel Rosshaar umkrampfte. Jakob wandte sich einem anderen Teilnehmer zu, um den Mann mit dem Rosshaar in der Hand nicht zu sehr auszustellen, wie mir schien. Der hatte

die Hand geöffnet, und die Haare fielen zu Boden. Er drehte sich um, ging zu seinem Pferd und blieb neben ihm stehen. Er hob seine Hand und legte sie dem Pferd auf den Hals, wie wir es geübt hatten. Das Pferd schnaubte leicht und drehte den Kopf in seine Richtung. Seine Ohren spielten aufmerksam vor und zurück. Ich sah, was sonst keiner beobachtete: Der Mann legte seine Stirn an den Hals des Pferds. Und wieder schnaubte das Pferd leise. Ich wandte mich ab, denn dieser intime Moment zwischen Mensch und Tier brauchte keinen Zeugen.

Ein eindrückliches Erlebnis war für mich Tranquillo Barnetta auf seinem Pferd Lilo. Ein Beispiel, das wunderbar zeigt, dass es nach oben keine Grenzen gibt, wenn gegenseitiges Vertrauen da ist.
Barnetta hatte nach dem ersten respektvollen Kontakt mit den Pferden Feuer gefangen und sass nun oben auf seinem Pferd ohne Sattel wie ein Indianer. Er wurde immer frecher. Man sah, wie es beiden Spass machte, die nächste Schwierigkeit anzugehen: Trab und Galopp. Dann kam es einfach dazu: Barnetta sprang mit seinem Pferd über Hindernisse, die dort für ein anderes Training aufgebaut waren. Hey, es machte einfach Spass, zuzuschauen! Noch nie hatte ich einen Menschen so strahlen gesehen, dieses Glück in den Augen! Das werde ich nie vergessen!

Auch ich werde dieses Leuchten in den Augen von Barnetta nie vergessen. Mir war klar, was mit *go together* möglich ist. Das schlummernde Potenzial in uns allen ist unendlich gross. Es ist unvorstellbar, wozu wir fähig sind, wenn wir Vertrauen haben und so im besten Sinne «frech» sind.

Dank

Ein Traum, drei Jahre alt, ist Wirklichkeit geworden. Ich habe dieses Buch geschrieben.

Folgenden Personen gilt mein innigster Dank:

Dem wunderbaren Team meines Fitnessunternehmens Skyline (Fitnessklub des Jahres 2005) für die erfolgreiche Umsetzung von SWISS.
Mit seiner Loyalität, seinem Herzblut und dem Willen, kontinuierlich zu lernen und sich zu verbessern, hat mir dieses Team zwanzig Jahre lang den Rücken freigehalten. Sie haben mir meine Suche nach den Prinzipien des Erfolgs erst möglich gemacht. Spezieller Dank gebührt: Erika und Nicole Zahner, Renate Taugwalder, Claudia Buchser, Lotti Kaufmann, Susi Spiess, Andreas Aeschbach, Bruno Ledermann, Peter Hediger, Edy Paul und Hubert Greinwalder.

Meiner Mutter Sophie und meinem verstorbenen Vater Isidor für ihre Aufforderung, ein Leben lang zu lernen; meinen vier Brüdern Armin, Peter, Markus und Beat für ihre beispiellose Solidarität. Meiner Partnerin Anna für ihre Toleranz und die liebevolle Unterstützung.

Allen Lehrern und Wegbegleitern auf meiner spirituellen Reise. Allen voran Doris Christinger und Peter Schröter, die mir den Raum gaben, schwach zu sein, um frech zu werden. Remo Rittiner, Jan Lestander, Bruno Dietziker, Andy Gross und Rocco Cipriano. Speziell danken möchte ich dem schonungslosen Meister aller Meister: Yamato.

Barbara und Dr. Werner Ehrhardt, die in mir den Wunsch weckten, dieses Buch zu schreiben.

Thomas Knapp, dem Inhaber des Verlags textwerkstatt, für das spontane Vertrauen und den Mut, ein freches Buch zu veröffentlichen. Sam Bieri, dem verrückten Lektor, der zum Schluss dem Buch den Feinschliff gab. Klaus Zaugg für seine spannenden Inputs und seine redaktionelle Arbeit. Mein Dank gilt auch Peter Herzog, Josef Hochstrasser, Wolfgang Niklaus und Heiner Weber.

All jenen Menschen aus Sport und Wirtschaft, die mir im Rahmen der Erfolgsstudie und meiner Tätigkeit als Coach Zeit und Vertrauen schenkten. Dank ihren Erfahrungen, ihrer Kritik und ihrer Forderung nach «Rezepten» ist SWISS entstanden.

Hansruedi Hasler, Matthias Walther und Peter Zahner, die den Mut hatten, in SWISS zu investieren. Dem gesamten Trainer- und Betreuerstab des Schweizerischen Fussballverbands und allen Internationalen für ihre Offenheit und das Vertrauen, das sie mir in den letzten zehn Jahren entgegengebracht haben.

Gilbert Gress, der mir mit seiner kompetenten, frischen und charismatischen Art das «Leben gerettet» hat! In diesem Zusammenhang gehört meine Wertschätzung auch Urs Schönenberger, Erich Vogel, Silvano Bianchi, Reto Jäggi und Rolf Fringer.

Ottmar Hitzfeld, der mich in meiner persönlichen Entwicklung stark geprägt hat und Ralph Krueger, dessen Einsichten und Weisheiten mir eine Quelle der Inspiration waren.

Wolfgang Merz, der mich coachte, inspirierte und immer wieder ermutigte, ein ehrliches und freches Buch zu schreiben.

Harald Trede, meinem weisen und zuverlässigen Redaktor und Lektor, für die intensiven Auseinandersetzungen, für seine Leidenschaft und Hingabe beim Redigieren, die tiefen und offenen Gespräche, für seine Gabe, sich in meine Situation hineinzuversetzen, hineinzufühlen, und dafür, dass er mich im grössten Stress immer wieder an SWISS erinnert hat: «Entspann dich, atme, bleibe souverän!»

Rainer Rothacher, verantwortlich für den gesamten Musikbereich (SWISS-CD und -DVD), der mit seinen Ideen, seiner Sensibilität und seinem vernetzten Denken massgeblich beteiligt war in der Entwicklung und Umsetzung von SWISS.

Bettina und Jakob Möckli für ihre Freundschaft und dafür, dass sie mich in die faszinierende Welt der Pferde einführten und ihr enormes Wissen als «Pferdeflüsterer» bedingungslos und mit grosser Hingabe an mich weitergaben. Nicht zuletzt dafür, dass mich Jakob mit den Pferden immer wieder aufs Neue herausfordert.

Und allen, die mich begleitet und unterstützt haben auf dem Weg zu diesem Erfolg.

Zur Person

Ruedi Zahner, Jahrgang 1957, Vater von drei Töchtern, kennt als Unternehmer, ehemaliger Profifussballer (FC Zürich und FC Basel, Cupsieger und Schweizer Meister mit dem FC Aarau) und Trainer Erfolg und Misserfolg aus jahrelanger eigener Erfahrung.

Nach seiner Fussballkarriere gründete er 1986 das Fitnessunternehmen Skyline, 2005 zum besten Fitnessklub der Schweiz gekürt.

Mehr als zwanzig Jahre hat sich Zahner mit der Frage beschäftigt, was überdurchschnittlich und konstant erfolgreiche Trainer und Führungspersönlichkeiten auszeichnet. Aus den Erkenntnissen dieser Erfolgsstudie und seinen Lebenserfahrungen entwickelte er SWISS – Frechheit siegt. Ein Erfolgskonzept für jeden Menschen in jeder Lebenslage.

In seiner Eigenschaft als Coach und Berater für Persönlichkeits- und Teamentwicklung betreut und berät Zahner namhafte Trainer, Führungskräfte, Manager, Teams, Sportverbände und Unternehmen.

Ruedi Zahner ist heute ein begehrter Referent und Berater, der mit seinen ungewöhnlichen Ideen wie SWISS *go together* oder mit seinem witzigen Referat *Ein neuer Chef für jede Katastrophe* das Publikum in seinen Bann zieht.

Referat – Coaching – Training

Referat:
Ein neuer Chef für jede Katastrophe – Das Geheimnis aller grossen Führungspersönlichkeiten.
Ein spannender, witziger und frecher Motivationskick!

Coaching:
Sie stehen vor einer Herausforderung. Ihr persönlicher «Elfmeter» im Alltag. Bereit sein, wenn, es zählt. Bringen Sie Ihrem Körper das sprechen bei. Im Sport. Im Leben.

Führungs- und Teamtraining:
Das unvergleichliche Erlebnis mit Pferden. Ursache und Wirkung des Führens und des erfolgreichen Miteinanders! Mit Vertrauen auf spielerische Art Erstaunliches erreichen.

Sie können uns erreichen unter:

Ruedi Zahner
Müliweg 4
5033 Buchs/Aarau
062 823 88 28

kontakt@frechheit-siegt.ch

Weitere Informationen finden Sie unter www.frechheit-siegt.ch.

BÜCHER AUS DEM VERLAG TEXTWERKSTATT

Ruedi Josuran, Thomas Knapp, Rolf Heim
**Seele am Abgrund – Burn-out und Depressionen:
Ratgeber für Angehörige Freunde und Arbeitskollegen**
Mit dem Börnaut-Bluus von Marc «Cuco» Dietrich (Peter, Sue & Marc)
ISBN 978-3-9523245-9-2

Bernhard Brändli-Dietwyler
Ruhepunkt – Energiebalance im Alltag
ISBN 978-3-905848-00-7

Thomas Knapp, Adrian Burki, Andreas Lüthi, Daniel Zanetti
Burn-out – In den Krallen des Raubvogels
4. Auflage
ISBN 978-3-0333-00461-0

Thomas Knapp, Niklas Baer, Andreas Lüthi, Dieter Kissling, René C. Jäggi
Burn-out – Mutmacher für Chefs und Angestellte
ISBN 978-3-9523115-0-9

www.verlag-textwerkstatt.ch